TABLETTES CHRONOLOGIQUES

DE LA

RÉVOLUTION

FRANÇAISE.

IMPRIMERIE DE CONSTANT-CHANTPIE,

RUE SAINTE-ANNE, Nº 20.

TABLETTES CHRONOLOGIQUES

DE LA

RÉVOLUTION

FRANÇAISE,

DEPUIS LE 10 MAI 1774, JOUR DE L'AVÉNEMENT
DE LOUIS XVI.

PAR ALEXANDRE GOUJON,

ANCIEN OFFICIER D'ARTILLERIE, ÉLÈVE DE L'ÉCOLE POLYTHECNIQUE,
MEMBRE DE LA LÉGION-D'HONNEUR.

PREMIÈRE PARTIE.

10 Mai 1774. — 20 Septembre 1792.

PARIS,

CHEZ J. ESNEAUX, LIRRAIRE,

RUE DES NOYERS, N. 46.

1825.

AVERTISSEMENT.

IL y a déjà plusieurs années que, voulant m'instruire de l'histoire de la révolution, je commençai ces Tablettes (1). Il est impossible de lire avec fruit les biographies et les mémoires, si l'on n'a sous les yeux la suite des faits par

(1) Il existe plusieurs ouvrages du genre de celui-ci, mais aucun ne renferme la totalité de l'ère de la révolution. Voici la liste des principaux de ces ouvrages dans lesquels j'ai puisé des renseignemens : 1° *Répertoire ou Almanach historique de la révolution française*, 6 vol. in-18 ; le premier a été publié en l'an VI-1798, et le sixième en 1807. 2° *Mémorial ou journal historique impartial et anecdotique de la révolution de France*, par P. C. Lecomte, 3 vol. in-18 ; le premier publié en l'an IX-1801, le troisième en l'an XI-1803. 3° L'*Art de vérifier les dates de la révolution*, 1 vol in-12, an XII-1804, Rondonneau. 4° La *Revue chronologique de l'histoire de France de 1787 à 1818*. Ce livre, attribué à un homme de beaucoup d'esprit, contient plus de réflexions que de faits, et est malheureusement empreint d'un esprit de parti qui aveugle l'auteur au point de lui faire changer les dates des lois ou dénaturer les événemens les plus connus. Pour en citer un exemple entre mille, la *Revue chronologique* place au 1ᵉʳ juin 1791 le commencement de l'usage de la guillotine. Cette machine ne fut adoptée que le 20 mars 1792, par un décret que le roi sanctionna le 25. 5° Enfin les *Tables du Moniteur*. Il est à regretter que celles publiées pour l'empire ne soient pas conçues sur un meilleur plan et ne renferment pas l'extrait des séances des assemblées comme celles publiées par Girardin.

ordre de date (1) : tel jour ne s'explique souvent que par sa veille ou son lendemain.

Appelé à concourir à la rédaction des fastes civils (2), je dus m'occuper de donner à mon travail toute l'exactitude possible. Je publie aujourd'hui le résultat de mes recherches.

Ces Tablettes sont divisées par époques, la première commence le 10 mai 1774, jour de l'avénement de Louis XVI, et finit à la convocation des états-généraux. On trouvera, sous la date du 10 mai 1774, la liste des souverains qui régnaient alors; celle des princes du sang, des ministres, etc. ; par ce moyen, on pourra toujours se reporter au point duquel je suis parti.

La seconde époque comprend les états-généraux et l'assemblée nationale constituante; la troisième, l'assemblée législative ; la quatrième, la convention ; la cinquième, le directoire; la sixième, le consulat; la septième, l'empire.

Les faits politiques d'une certaine importance, sont imprimés en gros caractères ; les autres et les nouvelles des sciences, des arts et de la littérature, sont en petits caract

(1) Les estimables auteurs de la *Nouvelle Biographie des Contemporains* ont compris cette nécessité ; ils ont publié en tête du premier volume de leur ouvrage un tableau chronologique des époques célèbres depuis 1787.

(2) Les *Fastes civils de la France*, publiés par MM. Dupont de l'Eure, Etienne, Manuel, A.-V. Arnault, J.-P. Pagès, P.-F. Tissot, A. Goujon; 3 volumes paraissent.

tères ; tous les articles marqués d'un astérisque, appartiennent aux pays étrangers. Je crois que cette notation fort simple facilitera les recherches.

J'ai mis le plus grand soin à rédiger l'extrait des séances des diverses assemblées législatives. Cette partie, qui ne se trouve complète nulle part, ne sera pas, je l'espère, sans intérêt.

Quelque attention que j'aie mis dans mon travail, il est impossible qu'il ne s'y soit pas glissé d'erreurs : il est si facile de se tromper dans cette foule de dates et de faits ! Je puis assurer du moins que je n'ai jamais menti volontairement ; et si l'on veut bien m'avertir des fautes que j'ai commises, je m'empresserai de les signaler dans un errata qui sera distribué aux souscripteurs avec la dernière livraison.

Quelques personnes feront peut-être à ces Tablettes le même reproche qu'elles ont fait à ma table de Voltaire. Celui d'être trop étendues, et de rapporter des choses inutiles, ou de peu d'intérêt. Certes, si j'avais à rédiger des Tablettes universelles, je ne m'arrêterais qu'aux faits principaux. Mais ici c'est en quelque sorte une carte topographique, dans laquelle on ne saurait mettre trop de détails. Au reste, j'aime mieux avoir péché par excès que par omission.

J'ai conservé les expressions du temps. Je n'ai fait aucune réflexion : les faits parlent d'eux-mêmes. Je laisse aux lecteurs le soin de tirer les conséquences.

[illegible] que [illegible]
arcano que [illegible]
que co[illegible]
omissio[illegible]
vn rege [illegible]
bn uc [illegible]
olbus [illegible]
[illegible]
me[illegible]
cecini o[illegible]
ncuic [illegible]
[illegible]
[illegible]
dup acro [illegible]
co[illegible]
[illegible]
[illegible]
[illegible]

TABLETTES CHRONOLOGIQUES

DE LA

RÉVOLUTION FRANÇAISE.

~~~~~~

PREMIÈRE ÉPOQUE.

RÈGNE DE LOUIS XVI. (10 MAI 1774 — 5 MAI 1789.)

Mai

10 Louis XVI, roi de France et de Navarre. Il était né le 23 août 1754, et fut d'abord duc de Berry; dauphin le 20 décembre 1765, après la mort de son père; roi le 10 mai 1774, âgé de 20 ans moins 3 mois. Il avait été marié le 16 mai 1770 avec

Marie-Antoinette-Josèphe-Jeanne de Lorraine, archiduchesse d'Autriche, fille de Marie-Thérèse et sœur de Joseph II, née à Vienne le 2 novembre 1755.

A L'ÉPOQUE DE L'AVÉNEMENT DE LOUIS XVI, LA FAMILLE ROYALE SE COMPOSAIT DE

Louis-Stanislas-Xavier, comte de Provence, Monsieur, frère du roi, né le 17 novembre 1755, marié le 14 mai 1771 à

Marie-Joséphine-Louise de Savoie, Madame, née le 2 septembre 1753.

Charles-Philippe, comte d'Artois, aussi frère de Louis XVI, né le 9 octobre 1757, marié le 16 novembre 1773 à

Marie-Thérèse de Savoie, comtesse d'Artois, née le 31 janvier 1756.

Marie-Adélaïde-Clotilde-Xavière, née le 23 septembre 1759, sœur du roi.

Elisabeth-Philippine-Marie-Hélène, née le 3 mai 1764, sœur du roi.

Marie-Adélaïde, tante du roi, née le 23 mars 1732.

Victoire-Louise-Marie-Thérèse de France, née le 11 mai 1733, aussi tante du roi.

Sophie-Philippine-Elisabeth-Justine, tante du roi, née le 27 juillet 1734.

Louise-Marie, tante du roi, née le 15 juillet 1737, carmélite depuis 1771.

Louis-Philippe d'Orléans, duc d'Orléans, né le 12 mai 1725, marié
~~~~~~

le 17 décembre 1743 à Louise-Henriette de Bourbon-Conti, veuf le 9 février 1759.

10 Louis-Philippe-Joseph d'Orléans, duc de Chartres, né le 13 avril 1747, marié le 5 avril 1769 à

Louise-Marie-Adélaïde de Bourbon, fille de M. le duc de Penthièvre, duchesse de Chartres, née le 13 mars 1753.

N., duc de Valois, né le 6 octobre 1773.

Louis-Joseph de Bourbon, prince de Condé, né le 9 août 1736, marié le 3 mai 1753 à Charlotte-Godefride-Elisabeth de Rohan-Soubise, veuf le 4 mars 1760.

Louis-Henri-Joseph de Bourbon-Condé, duc de Bourbon, né le 13 avril 1756, marié le 24 avril 1770 à

Louise-Marie-Thérèse-Baltide d'Orléans, duchesse de Bourbon, née le 9 juillet 1750.

N., duc d'Enghien, né le 2 août 1772.

Louise-Adélaïde de Bourbon-Condé, Mademoiselle, née le 5 octobre 1757.

Louise-Elisabeth de Bourbon-Condé, princesse de Conti, née le 22 novembre 1693, mariée le 16 juillet 1712 à Louis-Armand, prince de Conti, veuve le 4 mai 1727.

Louis-François de Bourbon, prince de Conti, né le 13 août 1717, marié le 22 janvier 1732 à Louise-Diane d'Orléans, veuf le 26 septembre 1736; grand-prieur de France le 15 avril 1749.

Louis-François-Joseph de Bourbon-Conti, comte de la Marche, né le 1er septembre 1734, marié le 7 février 1759 à

Fortunée-Marie d'Est, comtesse de la Marche, née le 24 novembre 1731.

Louis-Charles de Bourbon, comte d'Eu, né le 15 octobre 1701.

Louis-Jean-Marie de Bourbon, duc de Penthièvre, né le 16 novembre 1725, marié le 29 décembre 1744 à Marie-Thérèse-Félicité d'Est, veuf le 30 avril 1754.

Marie-Thérèse-Louise de Carignan, princesse de Lamballe, née le 8 septembre 1749, mariée le 17 janvier 1767 à Louis-Alexandre-Joseph-Stanislas de Bourbon, prince de Lamballe; veuve le 6 mai 1768.

LES SOUVERAINS ET PRINCES CONTEMPORAINS ÉTAIENT:
(PAR ORDRE ALPHABÉTIQUE DE PAYS.)

ALLEMAGNE.

Mai
10 *Joseph II, né le 13 mars 1741, marié le 6 octobre 1760 à Isabelle de Parme, veuf le 28 novembre 1763, roi des Romains le 27 mars 1764, couronné le 3 avril suivant, empereur d'Allemagne le 18 août 1765, et co-régent des états d'Autriche; remarié le 23 janvier 1765 à Marie-Josèphe-Antoinette de Bavière, veuf le 28 mai 1767.

10 *Marie-Thérèse-Walpurge-Amélie-Christine d'Autriche, impératrice douairière, née le 13 mai 1717, reine de Hongrie et de
    Bohème le 20 octobre 1740, mariée le 12 février 1736 à François I du nom, veuve le 28 août 1765.

*Ferdinand-Charles-Antoine-Joseph-Jean-Stanislas, frère de l'empereur, né le 1er juin 1754, marié le 15 octobre 1771 à

*Marie-Béatrix d'Est, fille du prince héréditaire de Modène, née
    le 7 avril 1750.

*Maximilien-François-Xavier-Joseph-Jean-Antoine Vinceslas,
    frère de l'empereur, né le 8 décembre 1756, coadjuteur de l'ordre
    Teutonique en 1769.

*Marie-Anne-Josèphe-Jeanne-Antoinette, sœur de l'empereur,
    née le 6 octobre 1738, altesse de Prague en 1765.

*Marie-Elisabeth-Josèphe-Jeanne-Antoinette, sœur de l'empereur, née le 13 août 1743.

*Charles-Alexandre de Lorraine, oncle de l'empereur, né le 12
    décembre 1712, marié le 7 janvier 1744 à Marie-Anne-Eléonore-
    Willemine-Josèphe, archiduchesse d'Autriche, seconde fille de
    Charles VI. Veuf le 16 décembre 1744, grand-maître de l'ordre
    Teutonique en 1761.

ANGLETERRE.

*Georges III, né le 4 juin 1738, roi d'Angleterre le 26 octobre
    1760, et électeur de Hanovre; marié le 8 septembre 1761 à

*Sophie-Charlotte, princesse de Mecklembourg-Strelitz, née le
    16 mai 1744; couronnés le 22 septembre 1761.

*Georges-Frédéric-Auguste, prince de Galles, et électeur de Hanovre, né le 12 août 1762.

*Frédéric, né le 16 août 1763, prince et évêque d'Osnabruck le
    27 février 1764.

*Guillaume-Henri, duc de Lancastre, né le 21 août 1765.

*Edouard d'Angleterre, né le 2 novembre 1767.

*Ernest-Maurice d'Angleterre, né le 5 juin 1771.

*Auguste-Frédéric d'Angleterre, né le 27 janvier 1773.

*Adolphe-Frédéric d'Angleterre, né le 24 février 1774.

*Charlotte-Auguste-Maltide, princesse d'Angleterre, née le 29 septembre 1766.

*Auguste-Sophie, princesse d'Angleterre, née le 8 novembre 1768.

*Elisabeth, princesse d'Angleterre, née le 22 mai 1770.

*Guillaume-Henri, frère du roi, né le 25 novembre 1743, duc de
    Glocester et d'Edimbourg en 1764.

*Henri-Frédéric, frère du roi, duc de Cumberland, né le 7 novembre 1745.

*Amélie-Sophie-Eléonore, tante du roi, née le 16 juin 1711.

*Charles-Edouard-Louis-Philippe-Casimir, fils de Jacques Stuart,
    né le 31 décembre 1720, marié à

10 *Louise-Maximilienne-Caroline-Emmanuelle, princesse de Stol-
berg-Guedern, née le 20 septembre 1752.
*Henri-Benoît-Marie-Clément, second fils de Jacques Stuart, né
le 6 mars 1725, cardinal en 1747.

ANHALT-BERNBOURG.

*Frédéric-Albert, né le 15 août 1735, prince d'Anhalt-Bernbourg
le 18 mai 1765, marié le 4 juin 1763 à Louise-Albertine de Holstein-Ploën, veuf le 9 avril 1769.
*Alexis-Frédéric, prince héréditaire, né le 12 juin 1767.

ANHALT-COETHEN.

*Charles-Georges, prince d'Anhalt-Coëthen, né le 15 août 1730,
marié le 6 juillet 1763 à
*Louise-Charlotte de Holstein-Gluksbourg, née le 5 mars 1749.
*Auguste-Christian, prince héréditaire, né le 18 novembre 1769.
*Frédéric Erdman, frère du prince régnant, né le 28 octobre
1731, marié le 13 juillet 1766 à
*Louise-Ferdinande, comtesse du Solberg, née le 30 septembre
1744.

ANHALT-DESSAW.

*Léopold-Frédéric-François, prince d'Anhalt-Dessaw, né le 10
août 1740, marié le 25 juillet 1767 à
*Louise-Henriette-Guillemine de Schwet, née le 24 septembre
1750.
*Frédéric, prince héréditaire, né le 27 décembre 1769.
*Jean-Georges, frère du précédent, né le 28 janvier 1748.
*Albert-Frédéric, autre frère, né le 22 avril 1730.

ANHALT-SCHAUMBOURG.

*Victor-Amédée, prince d'Anhalt-Schaumbourg, né le 7 septembre
1693.
*Hedvige-Sophie de Henkel-Oderberg, née le 4 mai 1717.

ANHALT-ZERBST.

*Frédéric-Auguste, prince d'Anhalt-Zerbst, né le 8 août 1734,
marié en juin 1764 à
*Frédérique-Auguste-Sophie-Albertine d'Anhalt-Bernbourg, née
le 28 août 1744.

AUTRICHE, *voy.* ALLEMAGNE.

BADE-DOURLACH et BADEN.

*Charles-Frédéric, margrave de Bade-Dourlach, né le 22 novembre
1728, marié le 22 janvier 1751 à
*Charlotte-Louise de Hesse-Darmstadt, née le 28 janvier 1723.

10 *Charles-Louis, prince héréditaire, né le 14 février 1755.
*Frédéric, prince de Bade-Dourlach, frère du précédent, né le 29 août 1756.
*Louis-Guillaume, second frère, né le 9 février 1763.
*Guillaume-Louis, frère du margrave, né le 14 janvier 1732.

BAVIÈRE.

*Maximilien-Joseph, électeur de Bavière, fils de feu Charles VII, né le 28 mars 1727, marié le 8 juillet 1747 à
*Marie-Anne, princesse de Saxe, née le 29 août 1728.
*Marie-Anne-Josèphe, princesse palatine de Sultzbach, née le 22 juin 1722, veuve le 6 août 1770 de Clément-François-de-Paule, duc de Bavière.

BENGALE.

*Clive, gouverneur à Calcutta.

BEVERN.

*Auguste-Guillaume de Brunswick, duc de Bevern, né le 10 octobre 1715.
*Georges-Louis, frère du duc de Bevern, né le 2 janvier 1721.
*Frédéric-Charles, frère du duc de Bevern, né le 5 avril 1729.

BIRCKENFELD-GELNHAUSEN.

*Jean, prince palatin, duc de Birckenfeld-Gelnhausen, né le 24 mai 1698, marié en 1744 à
*Sophie de Daun, née le 29 août 1719.
*Jean-Charles de Birckenfeld-Gelnhausen, né le 18 septembre 1745.
*Guillaume de Birckenfeld-Gelnhausen, né le 10 novembre 1752.
*Jean de Birckenfeld-Gelnhausen, né le 9 novembre 1764.

BOHÊME, *voy.* ALLEMAGNE.

BRANDEBOURG, *voy.* PRUSSE.

BRANDEBOURG-ANSPACH.

*Christian-Frédéric, margrave de Brandebourg-Anspach et de Culmbach depuis 1769, né le 24 février 1736, marié à
*Frédérique-Caroline de Saxe-Cobourg-Saalfeld, née le 26 juin 1735.

BRANDEBOURG-SCHWET.

*Henri-Frédéric, margrave de Brandebourg-Schwet, né le 21 août 1709, marié le 13 mars 1739 à
*Léopoldine-Marie d'Anhalt-Dessaw, née le 18 décembre 1716.

CARIGNAN, *voy.* SAVOIE.

CHINE.

10 *Kien-Long.

COLOGNE.

*Maximilien-Frédéric de Konisegg-Rothenfels, né le 13 mai 1708, électeur et archevêque de Cologne le 6 avril 1761, évêque-prince de Munster le 22 décembre 1762.

DANEMARCK.

*Christian VII, né le 29 janvier 1749, roi de Danemarck et de Norwège le 13 janvier 1766, marié le 8 octobre 1766 à
*Caroline-Mathilde d'Angleterre, née le 22 juillet 1751.
*Frédéric, prince royal, né le 28 janvier 1768.
*Louise-Auguste, princesse de Danemarck, née le 7 juillet 1771.
*Frédéric, prince de Danemarck, frère du roi, né le 11 octobre 1753.
*Charlotte-Amélie, grand'tante du roi, née le 6 octobre 1706.
*Julie-Marie de Brunswick de Wolfembutel, reine douairière, née le 4 septembre 1729, mariée le 26 juin 1752 à Frédéric V, veuve le 13 janvier 1766.

ESPAGNE.

*Charles III, né le 20 janvier 1716, roi des Deux-Siciles le 15 mai 1734, marié le 19 juin 1738 à Marie-Amélie de Saxe, puis roi d'Espagne et des Indes le 10 août 1759, veuf le 27 septembre 1760.
*Charles-Antoine-Pascal-François-Xavier-Jean-Népomucène-Joseph-Janvier-Séraphin Diègue, prince des Asturies, né le 11 novembre 1748, marié le 4 septembre 1765 à
*Louise-Marie-Thérèse de Parme, née le 9 décembre 1751.
*Gabriel-Antoine-François-Xavier-Jean-Népomucène-Joseph-Séraphin-Pascal-Sauveur, infant d'Espagne, né le 12 mai 1752.
*Antoine-Pascal-François-Jean-Népomucène-Aniello-Raymond-Sylvestre, infant d'Espagne, né le 31 décembre 1755.
*Marie-Josèphe, infante d'Espagne, née le 16 juillet 1744.
*Don Louis-Antoine-Jacques, infant d'Espagne, frère du roi, né le 25 juillet 1727, a abdiqué l'état ecclésiastique en 1754.

GÊNES.

*Pierre-François Grimaldi, élu doge le 26 janvier 1773, couronné le 6 février 1773.

HANOVRE, *voy.* BRANDEBOURG.

HESSE-CASSEL.

*Frédéric II, landgrave de Hesse-Cassel, né le 14 août 1720, ma-

rié le 17 mai 1740 à Marie d'Angleterre ; veuf le 16 janvier
1772, remarié le 10 janvier 1773 à

10 *Philippine-Auguste-Amélie de Brandbourg-Lchwedi, née le 10
octobre 1745.

*Guillaume, prince héréditaire, né le 3 juin 1743, marié en 1764 à

*Guillemine-Caroline, princesse de Danemarck, née le 10 juillet
1747.

*Frédéric, fils du prince héréditaire, né le 8 août 1772.

*Marie-Frédérique, fille du prince héréditaire, née le 14 septem-
bre 1768.

*Caroline-Amélie, seconde fille, née le 8 juillet 1771.

*Charles, second fils du landgrave, né le 19 décembre 1744, ma-
rié le 30 septembre 1766 à

*Louise, princesse de Danemarck, née le 30 janvier 1750.

*Frédéric, né le 24 mai 1771.

*Marie-Sophie-Frédérique, née le 28 octobre 1767.

*Julienne-Louise-Amélie, née le 19 janvier 1773.

*Frédérique, troisième fille du landgrave de Hesse-Cassel, née le 11
septembre 1747.

*Frédérique-Charlotte, douairière du prince Maximilien, oncle du
landgrave, née le 8 septembre 1698. De ce mariage

*Ulrique-Frédérique-Guillemine, mariée au duc de Holstein, évê-
que d'Eutin, née le 31 octobre 1722.

*Chrétienne-Charlotte, née le 25 février 1725.

HESSE-DARMSTADT.

*Louis, né le 15 décembre 1719, landgrave de Hesse-Darmstadt
le 17 octobre 1768, marié le 11 août 1741 à Christine-Caroline
de Deux-Ponts, veuf le 30 mars 1774.

*Louis, prince héréditaire, né le 14 juin 1753.

*Frédéric-Louis, frère du précédent, né le 10 juin 1759.

*Christian-Louis, second frère, né le 25 novembre 1763.

*Georges-Guillaume, prince de Hesse-Darmstadt, frère du land-
grave, né le 11 juillet 1722, marié le 15 mars 1748 à

*Marie-Louise-Albertine de Linange, née le 16 mars 1729.

HESSE-HOMBOURG.

*Frédéric-Louis, landgrave de Hesse-Hombourg, né le 30 jan-
vier 1748, marié à

*Marie-Christine, née le 4 novembre 1749.

*Frédéric-Louis, prince héréditaire.

HESSE-PHILIPSTHALL.

*Guillaume, landgrave de Hesse-Philipsthall le 7 mai 1770, né
le 29 août 1726, marié le 26 juin 1755 à

*Ulrique-Eléonore de Hesse-Philipsthall, née le 27 avril 1732.

*Charles, prince héréditaire, né le 8 novembre 1757.

10 *Frédéric, frère du précédent, né le 4 septembre 1764.
*Louis, frère du précédent, né le 8 octobre 1766.
*Caroline, princesse de Hesse-Philipsthall, née le 17 mars 1756.

HESSE-ROTHEMBOURG.

*Constantin, landgrave de Hesse-Rhinfels-Rothembourg, né le 21
mai 1716, marié le 25 août 1746 à Marie-Eve de Staremberg,
veuf le 13 décembre 1773.
*Charles-Emmanuel, prince héréditaire, né le 7 juin 1746, marié
le 1er septembre 1771 à
*Léopoldine-Aldegonde de Lichtenstein, née le 3 janvier 1754.
*Christian, frère du précédent, né le 30 novembre 1750.
*Charles-Constantin, second frère, né le 10 janvier 1752.
*Ernest, troisième frère, né le 28 septembre 1758.
*Anne-Victoire, nièce du landgrave, née le 25 février 1728, ma-
riée le 11 décembre 1745 à Charles, prince de Rohan-Soubise,
né le 16 juillet 1715.

HOLLANDE, *voy.* PROVINCES-UNIES.

HOLSTEIN-BECK.

*Pierre-Auguste, duc de Holstein-Beck, né le 7 décembre 1695,
marié à
*Natalie, comtesse de Gellowin, née le 4 septembre 1724.

HOLSTEIN-EUTIN.

*Frédéric-Auguste, duc de Holstein-Gottorp-Eutin, oncle du roi
de Suède, évêque de Lubeck, né le 20 septembre 1711, marié
le 21 novembre 1752 à
*Frédérique-Guillemine de Hesse-Cassel, née le 31 octobre 1722.
*Pierre, prince héréditaire, né le 3 janvier 1754.

HOLSTEIN-GLUKSBOURG.

*Frédéric-Henri, duc de Holstein-Gluksbourg, né le 15 mars
1747, marié le 9 août 1769 à
*Anne-Caroline de Nassau-Saarbruck, née le 31 décembre 1751.
*Henriette-Augustine de la Lippe-Détmold, duchesse douairière,
née le 26 mars 1725, veuve le 18 novembre 1766 de Frédéric,
duc de Holstein-Gluksbourg.

HOLSTEIN-SUNDERBOURG.

*Frédéric-Christian, duc de Holstein-Sunderbourg, né 6 avril
1721, marié en 1762 à Charlotte-Amélie de Holstein-Ploën,
veuf le 19 octobre 1770.
*Frédéric-Christian, prince héréditaire, né le 28 septembre 1764.

ITALIE.

*Clément XIV (François-Laurent Ganganelli), pape, né le 31 octobre 1705; cardinal le 24 septembre 1759; son exaltation le 19 mai 1769; couronné le 4 juin 1769.

MALTE.

10 *François-Ximenès de Taxada, né le 4 juillet 1704, élu grand-maître le 28 janvier 1773.

MAROC.

*Mahomet-Sidy.

MAYENCE.

*Frédéric-Charles-Joseph, baron d'Erthal, né le 9 janvier 1717; électeur en 1774, sacré archevêque de Mayence et évêque prince de Worms le 14 mai 1775.

MECKLEMBOURG–SCHWERIN.

*Frédéric, duc de Mecklembourg-Schwerin, né le 9 novembre 1717, marié à

*Louise-Frédérique de Wirtemberg-Stuttgard, née le 3 février 1722.

*Louis, frère du duc, né le 6 août 1725, marié à

*Charlotte-Sophie de Saxe-Cobourg-Saalfeld, née le 24 septembre 1731.

*Frédéric-François, né le 10 décembre 1756.

MECKLEMBOURG–STRÉLITZ.

*Adolphe-Frédéric IV, duc de Mecklembourg-Strélitz, né le 5 mai 1738.

*Charles-Louis-Frédéric, frère du précédent, né le 10 octobre 1741, marié à

*Frédérique-Caroline de Hesse-Darmstadt, née le 20 août 1752.

*Ernest-Albert, second frère, né le 27 août 1742.

*Georges-Auguste, troisième frère, né le 16 août 1748.

MODÈNE.

*François-Marie d'Est, né le 2 juillet 1698, marié le 21 juin 1720 à Charlotte-Aglaé d'Orléans; duc de Modène le 26 octobre 1737; veuf le 19 janvier 1761.

*Hercule-René, prince héréditaire, né le 22 novembre 1727, marié le 29 septembre 1741 à

*Marie-Thérèse Cibo, née le 29 juin 1725.

*Mathilde d'Est, née le 7 février 1729.

*Bénédictine-Ernestine-Marie, sœur du duc, née le 18 août 1697.

*Amélie-Josèphe, sœur du duc, née le 28 juillet 1699.

*Henriette-Marie de Modène, née le 27 mai 1702, mariée le 5 février 1728, à Antoine Farnèse, duc de Parme; veuve le 20 janvier 1731; remariée en 1740 à Léopold, prince de Hesse-Darmstadt; veuve en 1764.

NAPLES, *voy.* SICILES (DEUX-).

NASSAU-SAARBRUCK.

10 *Louis, prince de Nassau-Saarbruck, né le 3 janvier 1745, marié le 30 octobre 1766 à
*Wilhelmine-Sophie-Eléonore, princesse de Schwartzbourg-Rudelstadt, née le 22 janvier 1751.
*Henri-Charles-Louis, prince héréditaire, né le 9 mars 1768.

NASSAU-USINGEN.

*Charles, prince de Nassau-Usingen, né le 1er janvier 1712,
*Charles-Guillaume, prince héréditaire, né le 9 novembre 1735, marié à
*Caroline-Félicité de Linange, née le 22 mai 1754.

NASSAU-WEILBOURG.

*Charles-Chrétien, prince de Nassau-Weilbourg, né le 11 janvier 1735, marié à
*Guillemine-Charlotte de Nassau-Diest, née le 28 février 1745.
*Frédéric-Guillaume, prince héréditaire, né le 25 octobre 1768.

PALATINAT.

*Charles-Théodore, né le 11 décembre 1724, prince de Sultzbach le 20 juillet 1733; comte et électeur palatin du Rhin le 4 janvier 1743; marié le 17 janvier 1742 à
*Marie-Elisabeth-Aloïse de Sultzbach, née le 17 janvier 1721.

PARME.

*Don Ferdinand, infant d'Espagne, né le 20 janvier 1751; duc de Parme, de Plaisance et de Guastalla le 18 juillet 1765; marié le 27 juin 1769 à
*Marie-Amélie-Josèphe-Jeanne-Antoinette, sœur de l'empereur, née le 26 février 1746.
*Caroline-Marie-Thérèse, princesse de Parme, née le 22 novembre 1770.
*Théodore de Hesse-Darmstadt, duchesse douairière de Guastalla, née le 6 février 1706, mariée le 23 février 1727 à Antoine-Ferdinand Gonzague, veuve le 19 avril 1729.

PÉROU.

*Castel-Fuente, vice-roi à Lima.

PERSE.

*Kerim-Kanzund, régent à Schiras.

POLOGNE.

*Stanislas-Auguste Poniatowski II, né le 17 janvier 1732, roi de

Pologne, grand-duc de Lithuanie le 7 septembre 1764, couronné le 25 novembre suivant.

PONTS (DEUX-).

10 *Chrétien IV, prince palatin, duc de Deux-Ponts, né le 6 septembre 1722.

*Charles-Auguste, comte palatin de Deux-Ponts, né le 24 octobre 1746, marié le 12 février 1774 à

*Marie-Amélie de Saxe, née le 26 septembre 1757.

*Maximilien-Joseph, fils du feu prince Frédéric de Deux-Ponts, né le 28 mai 1756.

*Marie-Anne, fille du feu prince Frédéric de Deux-Ponts, née le 18 juillet 1753.

*Christine-Caroline, princesse palatine de Deux-Ponts, née le 17 novembre 1725, mariée le 19 août 1741 à Charles-Auguste-Frédéric, prince de Waldeck, veuve en juillet 1763.

*Françoise-Dorothée de Sultzbach, née le 15 juin 1724, mariée le 5 février 1746, à Frédéric, prince palatin de Deux-Ponts, frère du duc régnant; veuve le 15 août 1767.

PORTUGAL.

*Joseph de Bragance, né le 6 juin 1714, roi de Portugal le 31 juillet 1750; marié le 19 janvier 1729 à

*Marie-Anne-Victoire d'Espagne, reine de Portugal, née le 31 mars 1718.

*Don Pedro, infant de Portugal, frère du roi, né le 5 janvier 1717, marié le 6 juin 1760 à

*Marie-Françoise-Elisabeth-Josèphe-Antoinette-Gertrude de Portugal, princesse du Brésil, née le 17 décembre 1734.

*Joseph-François-Xavier, prince de Beïra, né le 20 août 1761.

*Jean-Marie-Louis-Joseph-François-Xavier-de-Paule-Antoine-Dominique-Raphaël, prince de Beïra, né le 13 mai 1767.

*Marie-Anne-Victoire-Josèphe-Françoise-Xavière-de-Paule-Antoinette-Jeanne-Dominique-Gabrielle, princesse de Beïra, née le 15 décembre 1768.

*Marie-Anne-Françoise-Josèphe-Rite-Jeanne de Portugal, née le 8 octobre 1736.

*Marie-Françoise-Bénédictine-Anne-Elisabeth-Josèphe-Antoinette-Laurence-Ignace-Thérèse-Gertrude-Rite-Anne-Rose de Portugal, née le 25 juillet 1746.

PROVINCES-UNIES.

*Guillaume, prince de Nassau-Dietz et Dillembourg, né le 8 mars 1748, stathouder le 22 octobre 1751, marié le 4 octobre 1767 à

*Frédérique-Sophie-Guillemine de Prusse, née le 7 août 1751.

*Guillaume-Frédéric, fils du stathouder, né le 24 août 1772.

10 *Guillaume-Georges-Frédéric, second fils du stathouder, né le 15 février 1774.

*Frédérique-Louise-Guillemine, fille du stathouder, née le 28 novembre 1770.

PRUSSE.

*Frédéric II, dit le Grand, né le 24 janvier 1712, électeur de Brandebourg et roi de Prusse le 31 mai 1740, marié le 12 juin 1733 à

*Elisabeth-Christine de Brunswick-Wolfembutel, née le 8 novembre 1715.

*Louise-Amélie de Brunswick-Wolfembutel, princesse royale de Prusse, née le 29 janvier 1722, mariée le 6 janvier 1742 à Auguste-Guillaume, prince royal de Prusse, aîné des frères du roi; veuve le 12 juin 1758.

*Frédéric-Guillaume, prince royal, fils du feu prince royal de Prusse, né le 25 septembre 1744, marié le 15 juillet 1769 à

*Frédérique-Louise de Hesse-Darmstadt, princesse de Prusse, née le 16 octobre 1751.

*Frédéric-Guillaume, fils du prince Frédéric-Guillaume, né le 5 août 1770.

*Frédéric-Henri, prince de Prusse, né le 4 novembre 1773.

*Frédérique-Charlotte-Ulrique-Catherine, fille du prince Frédéric-Guillaume, née le 7 mai 1767.

*Frédéric-Henri-Louis, frère du roi, né le 18 janvier 1726, marié le 15 juin 1752, à

*Willemine de Hesse-Cassel, née le 23 février 1726.

*Auguste-Ferdinand, frère du roi, né le 23 mai 1730, marié le 27 septembre 1755, à

*Anne-Elisabeth-Louise de Brandebourg-Schwet, née le 22 avril 1738,

*Frédéric-Christian, fils du prince Auguste-Ferdinand, né le 11 novembre 1771.

*Louis-Christian, second fils du prince Auguste-Ferdinand, né le 18 novembre 1772.

*Frédérique-Louise-Dorothée-Philippine, fille du prince Ferdinand, née le 24 mai 1770.

*Frédérique-Louise, sœur du roi, née le 28 septembre 1714, mariée le 30 mai 1729 à Charles-Frédéric, margrave de Brandebourg-Anspach, veuve le 3 août 1757.

*Anne-Amélie, sœur du roi, née le 9 novembre 1723, abbesse de Quedlinbourg.

RUSSIE.

*Catherine-Alexiewna II, dite la Grande, née le 2 mai 1729, mariée le 1er septembre 1745 à Pierre III; impératrice et auto-

cratrice de toutes les Russies le 9 juillet 1762; veuve le 28 juillet 1762; couronnée le 3 octobre 1762.

10 *Paul Petrowitz, fils de l'impératrice, grand-duc de Russie, né le 1er octobre 1754, marié le 10 octobre 1773 à

*Guillemine de Hesse-Darmstadt, née le 25 juin 1755.

SALM-KIRBOURG.

*Jean-Dominique-Albert, prince de Salm-Kirbourg, né le 28 juillet 1708.

*Philippe-Joseph-Antoine, prince héréditaire, né le 21 juillet 1709, marié le 12 août 1742 à

*Marie-Thérèse-Josèphe, princesse de Hornes, née le 19 octobre 1726.

*Frédéric-Jean Otton, né le 12 mai 1745.

SALM-SALM.

*Louis-Charles Otton, prince de Salm-Salm, né le 27 août 1721.

SAVOIE.

*Victor-Amédée-Marie de Savoie, né le 26 juin 1726, roi de Sardaigne le 20 février 1773, marié le 31 mai 1750 à

*Marie-Antoinette-Ferdinande d'Espagne, née le 17 novembre 1729.

*Charles-Emmanuel-Ferdinand-Marie, prince de Piémont, né le 24 mai 1751.

*Victor-Emmanuel de Savoie, duc d'Aost, né le 24 juillet 1759.

*Maurice-Joseph-Marie de Savoie, duc de Montferrat, né le 13 septembre 1762.

*Charles-Félix-Joseph-Marie, duc de Génevois, né le 6 avril 1765.

*Joseph-Benoît-Marie-Placide, comte de Maurienne, né le 6 octobre 1766.

*Marie-Anne-Charlotte, princesse de Savoie, née le 16 décembre 1757.

*Marie-Charlotte-Antoinette-Adélaïde, princesse de Savoie, née le 17 janvier 1764.

*Benoît-Marie-Maurice, duc de Chablais, frère du roi, né le 21 juin 1741.

*Eléonore-Marie-Thérèse, princesse de Savoie, sœur du roi, née le 28 février 1728.

*Marie-Félicité, princesse de Savoie, sœur du roi, née le 20 mars 1730.

MAISON DE CARIGNAN, ISSUE DU DUC CHARLES-EMMANUEL, PREMIER DU NOM.

*Louis-Victor-Amédée-Joseph de Savoie, prince de Carignan, né le 25 septembre 1721, marié le 4 mai 1740 à

*Christine-Henriette de Hesse-Rhinfels, née le 21 novembre 1717.

Ma
10 *Victor-Amédée, fils du prince de Carignan, né le 21 octobre 1747,
marié le 18 octobre 1768 à

*Josèphe-Thérèse de Lorraine, née le 26 août 1753.

*Charles-Emmanuel-Ferdinand, fils du prince Victor-Amédée,
né le 24 octobre 1770.

*Eugène-Marie-Louis, fils du prince de Carignan, né le 21 octo-
bre 1753.

*Charlotte-Marie-Louise, fille du prince de Carignan, née le 17
août 1742.

*Gabrielle-Marie, fille du prince de Carignan, née le 17 mars
1748, mariée en juin 1769, au prince de Lobkowitz.

*Catherine-Marie-Louise, fille du prince de Carignan, née le 4 avril
1762.

SAXE.

*Frédéric-Auguste, né le 23 décembre 1750, électeur de Saxe le
17 décembre 1763, marié le 17 janvier 1769 à

*Marie-Amélie, fille de feu Frédéric, prince de Deux-Ponts, née le
10 mai 1752.

*Charles-Maximilien-Marie-Jean-Népomucène-Louis-François-
Xavier-Janvier, frère de l'électeur, né le 24 septembre 1752.

*Antoine-Clément, frère de l'électeur, né le 27 décembre 1755.

*Maximilien-Emmanuel, frère de l'électeur, né le 24 avril 1759.

*Thérèse-Marie-Josèphe-Anne-Antoinette-Walpurge-Ignace-Ma-
deleine-Xavière-Augustine-Louise-Fortunée, sœur de l'électeur, née le 28 février 1761.

*Marie-Antoinette de Bavière, fille du feu empereur Charles VII,
princesse douairière de Saxe, née le 19 juillet 1724, veuve le
17 décembre 1763 de Frédéric-Chrétien-Léopold, électeur de
Saxe.

*Xavier-Auguste, prince de Saxe, oncle de l'électeur, né le 25
août 1730.

*Charles-Chrétien, prince de Saxe, duc de Courlande, né le 13
juillet 1733, marié à

*Françoise de Corvin Krasinski, née le 9 mars 1742.

*Albert-Casimir-Ignace-Pie-François-Xavier, prince de Saxe-
Teschen, né le 11 juillet 1738, marié le 8 avril 1766 à

*Marie-Christine-Josèphe, sœur de l'empereur, duchesse de Saxe-
Teschen, née le 13 mai 1742.

*Marie-Christine-Anne-Thérèse-Salomée-Eulalie-Xavière, prin-
cesse de Saxe, née le 12 février 1735, coadjutrice de l'abbaye
de Remiremont en 1764, tante de l'électeur.

*Marie-Elisabeth-Apolline-Casimire-Françoise-Xavière, princesse
de Saxe, née le 9 février 1736, tante de l'électeur.

*Marie-Cunégonde-Hedwige-Françoise-Xavière-Florence, prin-
cesse de Saxe, née le 10 novembre 1740, tante de l'électeur.

SAXE-COBOURG.

10 *Ernest-François, duc de Saxe-Cobourg-Saalfeld, né le 8 mars
1724, marié à

*Sophie-Antoinette de Brunswick-Wolfembutel, née le 23 janvier
1724.

*François-Frédéric, fils du duc, né le 15 juillet 1750.

*Louis-Charles, autre fils, né le 2 janvier 1755.

*Christian-François, frère du duc, né le 15 janvier 1730.

*Frédéric-Josias, frère du duc, né le 26 décembre 1737.

*Anne-Sophie-Schwartzbourg-Rudelstadt, né le 9 septembre 1700,
douairière, veuve le 16 septembre 1764 de François-Josias,
duc de Saxe-Cobourg-Saalfeld.

SAXE-GOTHA.

*Louis-Ernest, né le 30 janvier 1745, duc de Saxe-Gotha et Al-
tembourg le 10 mars 1772, marié le 21 mars 1769 à

*Marie-Charlotte de Saxe Meinungen, née le 11 septembre 1751.

*Emile-Léopold, prince de Saxe-Gotha, né le 23 novembre 1772.

*Auguste, frère du duc, né le 14 août 1747.

*Frédérique-Louise, sœur du duc, née le 30 janvier 1741.

SAXE-HILBURGHAUSEN.

*Ernest-Frédéric, duc de Saxe-Hilburghausen, né le 10 juin
1727, marié le 1er octobre 1749 à Louise, sœur du roi de Danemarck, veuf en 1756, remarié à

*Ernestine-Auguste de Saxe-Weimar, née le 5 janvier 1740.

*Frédéric, prince héréditaire, né le 29 avril 1763.

*Frédéric-Guillaume, frère du duc régnant, né le 8 octobre 1730.

SAXE-MEINUNGEN.

*Auguste-Frédéric, duc de Saxe-Meinungen, né le 19 novembre
1754.

*Georges-Frédéric, né le 4 février 1761.

*Guillemine-Louise, née le 6 août 1752.

*Amélie-Auguste, née le 4 mars 1762.

*Charlotte-Amélie de Hesse-Philipsthall, duchesse douairière de
Saxe-Meinungen, née le 11 août 1730, mariée le 26 septembre
1750 à Antoine-Ulric, duc de Saxe-Meinungen; veuve le 17
janvier 1763.

SAXE-WEIMAR.

*Charles-Auguste, duc de Saxe-Weimar-Eisnack, né le 3 septem-
bre 1757.

*Frédéric-Ferdinand, frère du précédent, né le 8 septembre 1758.

*Anne-Amélie de Brunswick-Lunebourg, veuve d'Ernest-Auguste,
administratrice, née le 24 octobre 1739.

SICILES (DEUX-).

*Ferdinand IV, infant d'Espagne, né le 12 janvier 1751, roi de

Naples et des Deux-Siciles le 5 octobre 1759, marié le 7 avril 1768 à

10 *Charlotte-Louise, sœur de l'empereur, née le 13 août 1752.

*Marie-Thérèse, née le 6 juin 1772.

*Louise-Marie-Amélie, née le 27 juillet 1773.

SUÈDE.

*Gustave III de Holstein-Eutin, né le 24 janvier 1746, roi de Suède le 12 février 1771, marié en octobre 1766 à

*Sophie-Madeleine de Danemarck, reine de Suède, née le 3 juillet 1746.

*Charles, prince de Suède, frère du roi, duc de Sudermanie, né le 7 octobre 1748, marié le 25 novembre 1773 à

*Hedwige-Elisabeth-Charlotte de Holstein-Eutin, fille de l'évêque de Lubeck, née le 24 mars 1759.

*Frédéric-Adolphe, prince de Suède, frère du roi, duc d'Ostrogothie, né le 18 juillet 1750.

*Sophie-Albertine, princesse de Suède, sœur du roi, née le 8 octobre 1753, coadjutrice de l'abbaye de Quedlinbourg, en 1767.

*Louise-Ulrique, sœur du roi de Prusse, née le 24 juillet 1720, veuve le 12 février 1771 d'Adolphe-Frédéric, roi de Suède.

TOSCANE.

*Pierre-Léopold-Joseph, frère de l'empereur, né le 5 mai 1747, grand-duc de Toscane le 23 août 1765, marié le 16 février 1765 à

*Marie-Louise, infante d'Espagne, née le 24 novembre 1745.

*François-Joseph-Charles-Jean, né le 12 février 1768.

*Ferdinand-Joseph-Jean, né le 6 mai 1769.

*Charles-Louis, né le 5 septembre 1771.

*Alexandre-Léopold, né le 14 août 1772.

*Marie-Thérèse-Josèphe-Charlotte-Jeanne, née le 14 janvier 1767.

*Marie-Anne-Ferdinande-Josèphe-Charlotte-Jeanne, née le 21 avril 1770.

TRÈVES.

*Clément-Venceslas, prince de Saxe, né le 28 septembre 1769, électeur et archevêque de Trèves en février 1768.

TURQUIE.

*Abdhul-Ahmid Achmet IV, né en 1725, proclamé sultan le 21 janvier 1774, couronné le 27 du même mois.

VENISE.

*Aloïse Mocénigo, né le 19 mai 1701, élu doge le 19 avril 1763.

WIRTEMBERG-OELS.

*Charles-Christian, duc de Wirtemberg-Oëls, né le 26 octobre 1716, marié le 28 avril 1741 à

*Marie-Sophie de Solms-Laubach, née le 3 avril 1721.

WIRTEMBERG-STUTTGARD.

10 *Charles-Eugène, duc de Wirtemberg-Stuttgard, né le 11 février 1728, marié le 26 septembre 1744 à

*Elisabeth-Sophie de Brandebourg-Bareith, née le 30 août 1732.

*Louis-Eugène, prince de Wirtemberg, né le 21 janvier 1732, marié le 29 novembre 1754 à

*Frédérique-Dorothée de Brandebourg-Schwet, née le 18 décembre 1736.

WOLFEMBUTEL.

*Charles de Brunswick, duc de Wolfembutel, né le 1er août 1713, marié le 2 juillet 1733 à

*Philippine-Charlotte de Prusse, née le 13 mars 1716.

*Charles-Guillaume, prince héréditaire, né le 10 octobre 1735, marié le 16 janvier 1764 à

*Augustine, sœur du roi d'Angleterre, née le 11 août 1737.

*Charles-Georges-Auguste, fils du prince héréditaire, né à Londres le 8 février 1766.

*Georges-Guillaume-Christian, second fils du prince héréditaire de Brunswick, né le 25 juin 1769.

*Auguste, troisième fils du prince héréditaire de Brunswick, né le 18 août 1770.

*Guillaume-Frédéric, quatrième fils du prince héréditaire, né le 9 octobre 1771.

*Auguste-Caroline-Frédérique-Louise, fille du prince héréditaire, née le 13 décembre 1764.

*Caroline-Amélie-Elisabeth, fille du prince héréditaire, née le 17 mai 1768.

*Frédéric-Auguste, second fils du duc, né le 29 octobre 1740, marié le 6 septembre 1768 à

*Frédérique-Sophie-Charlotte de Wirtemberg-Oëls, née le 1er août 1751.

*Maximilien, troisième fils du duc, né le 10 octobre 1752.

Lors de l'avènement de Louis XVI, le ministère était ainsi composé:

Louis-Phelippeaux, comte de Saint-Florentin, duc de la Vrillière, à la maison du roi.

Pierre-Etienne-François-Bourgeois de Boines, à la marine.

Emmanuel-Armand de Vignerod Duplessis-Richelieu, duc d'Aiguillon, ministre des affaires étrangères et de la guerre.

René-Nicolas-Charles-Augustin de Meaupou, chancelier.

Il y avait alors en France:

19 archevêchés, 119 évêchés, et 38,586 cures. Le revenu de ces évêchés, déclaré dans l'*Almanach royal* de 1775, était de 4,340,000 livres, sur lesquels ils payaient 330,679 florins à la cour de Rome.

3

10 Il y avait 676 abbayes d'hommes, dont le revenu était de 6,450,770 livres, et la taxe de 559,096 florins.

243 abbayes de femmes, dont le revenu était de 2,250,400 livres.

Princes, seigneurs et pairs de France, suivant le rang qu'ils avaient au parlement.

5 princes du sang : Le duc d'Orléans, le duc de Chartres, le prince de Condé, le prince de Conti, le comte de la Marche.

2 princes légitimés : Le comte d'Eu, le duc de Penthièvre.

6 pairs ecclésiastiques et prélats : Le cardinal de la Roche-Aimon, le cardinal de la Rochechouart, M. de Luzerne, M. de la Rochefoucault-Bayers, M. de Juigné de Neufchelles, M. de Broglie.

37 ducs et pairs laïques : Le duc d'Uzès, le duc d'Elbeuf, prince de Lambesc; le duc de Montbazon, prince de Rohan, le duc de la Trimouille, le duc de Béthune, le duc de Luynes et de Chevreuse, le maréchal duc de Brissac, le maréchal duc de Richelieu, le duc de Fronsac, le duc d'Albret-Bouillon, le duc de Rohan-Chabot, prince de Léon; le duc de Luxembourg ou de Pincy, le duc de Grammont, le duc de Villeroy, le duc de Mortemart, le duc de Saint-Aignan, le duc de Tresmes, le duc de Noailles, le duc d'Aumont, le duc de Béthune-Charost, M. de Beaumont, le duc d'Harcourt, le duc de Fitz-James, le duc de Chaulnes, le maréchal duc de Rohan-Rohan, prince de Soubise, le duc de Brancas-Villars, le duc de Valentinois, prince de Monaco; le duc de Nivernois, l'abbé duc de Biron, le duc de la Vallière, le duc d'Aiguillon, le duc de Fleury, le duc de Duras, le duc de la Vauguyon, le duc de Choiseul, le duc de Praslin, le duc de la Rochefoucault.

Maréchaux de France institués par Philippe II, surnommé Auguste, en 1185 :

M. de Clermont-Tonnerre, M. de Richelieu, M. de Biron, M. de Bercheny, M. de Conflans, M. de Contades, M. de Soubise, M. de Broglie, M. d'Armantières, M. de Brissac.

Secrétaire-général de MM. les maréchaux de France, M. Gudin, commissaire ordinaire des guerres.

169 lieutenans-généraux des armées du roi, créés par Louis XIII en 1633.

387 maréchaux de camp, créés par Henri IV en 1598.

277 brigadiers d'infanterie, créés par Louis XIV en 1657.

151 brigadiers de cavalerie, créés par Louis XIV en 1657.

34 brigadiers de dragons; créés par Louis XIV en 1667.

40 conseillers d'état ordinaires.

Mai

10 Mesdames Sophie, Adélaïde et Victoire, sont attaquées de la petite-vérole qu'elles ont gagnée près de Louis XV.

Louis XVI et ses frères se font inoculer.

20 M. de Maurepas, ministre d'état.

Juin

1er *Le général anglais Gages fait bloquer le port de Boston, et convoque l'assemblée de la province à Salem. — Convention solennelle publiée par le comité de convention, dans laquelle les Bostoniens déclarent rompre tout commerce avec l'Angleterre.

5 Une députation du parlement se rend au château de la Muette pour présenter ses hommages au roi.

Edit qui accorde la remise du droit de joyeux avènement.

8 M. de Vergennes, ambassadeur de France à la cour de Suède, est nommé ministre des affaires étrangères.

9 Le comte de Muy, secrétaire d'état de la guerre.

Juillet

4 Le comte de Muy, ministre d'état, entre au conseil.

21 M. de Vergennes prête serment.

*Paix de Koutschouc-Kaynardgi entre la Russie et les Turcs. Les Tartares de la Krimée et du Kouban indépendans de la Porte : Azow, Kertsch, Zenikalé, Kinbourn, et le pays entre l'embouchure du Bug et celle du Dniéper, cédé à la Russie.

22 M. Turgot, secrétaire d'état de la marine.

Août

24 Hue de Miroménil, chancelier. Turgot, contrôleur-général. Sartines à la marine. Retraite de Meaupou.

Septembre

5 *Premier congrès des Américains à Philadelphie. Il était composé de 51 membres.

22 *Mort de Clément XIV.

27 Edit sur la libre circulation des grains.

Octobre

11 *Le prince Frédéric de Danemarck, frère du roi, épouse Sophie-Frédérique de Mecklembourg-Schwerin.

Novembre

12 Lit de justice; rétablissement des anciens parlemens.—Le même jour Monsieur rétablit le grand conseil, M. le comte d'Artois la cour des aides.

Décembre

14 Louis XVI pose la première pierre de l'Ecole de Médecine.

19 Enregistrement de l'édit sur la circulation des grains.

26 Le roi exempte les maîtres des requêtes ordinaires de l'hôtel, les officiers des cours souveraines, les présidens des trésoreries de France et officiers généraux des finances, etc., du droit de marc d'or pour les lettres de vétérance.

29 *Erection du duché de Holstein-Oldombourg en faveur de la branche cadette de Holstein-Gottorp.

Sans date

Les Tartares du Jaïk et des autres contrées asiatiques de la Russie,

soulevés contre la cour de Pétersbourg. — Le Cosaque Pugatschen se donne pour le czar Pierre III. — Le général Bibicon
meurt en les combattant. — Moscou est menacé.

*Le général Romanzow, ayant dans son armée quatre régimens
anglais commandés par le général Loyd, passe le Danube, tombe sur l'avant-garde des Turcs commandée par le reiss-effendi,
la taille en pièces, met l'armée du grand-visir en déroute, et
force les musulmans à demander la paix aux conditions refusées
aux congrès de Fokiani et de Bucharest.

*Catherine II emploie toutes ses forces à éteindre la révolte des Co-
saques. — Pugatschen est défait près de Moscou. — Il est livré
aux Russes par les siens.

*L'Egypte est reprise par les Turcs; Aboudaad, son gouverneur,
meurt à Acre; Sheik-Daher, partisan d'Ali-Bey, accepte l'amnistie que la Porte lui offre, se rend à bord du bâtiment du sul-
tan-pacha, et a la tête tranchée : depuis, les partisans d'Ali-Bey,
et les autres beys qui se sont élevés sur ses ruines, se disputent
long-temps l'Egypte.

*Le roi de Maroc assiège Ceuta et Melille; il déclare qu'il ne lais-
sera aucun chrétien sur les côtes de ses états en Afrique.

*Le défaut de maïs cause une disette dans les Indes orientales, et y fait périr
de faim 3 millions d'habitans.

*Le gouverneur du Bengale envoie de Calcutta, Boyle en qualité
d'ambassadeur dans le Boutan, pour y négocier la paix avec le
rajah, qui avait attaqué ses frontières, et pour y visiter le grand-
lama lui-même.

*Les Birmans d'Ava s'emparent du Munnipourra, du Cassa et du
Cachar, cantons voisins du Bengale.

*Révolution dans la Cochinchine : Yin-Yac usurpe le trône sur
Caung-Shung, aidé de Quang-Ting, roi de Tonquin.

*Le gouvernement anglais se détermine à réduire par la force des
armes les Anglo-Américains; Charles-Lee prend d'assaut le fort
de Portsmouth.

*Le capitaine Cook visite et désigne mieux les îles Marquises; il découvre les
îles Pernicieuses qu'il nomme Palisser, revient à O-Taïti, va aux îles Hé-
brides, et découvre la nouvelle Calédonie. Il retrouve les îles Mendoça,
découvertes en 1692 par Mendana.

Louis XVI rend aux protestans les droits civils.

*Les Anglais maintiennent au Canada la religion catholique.

*Législation du Canada de Québec.

Affranchissement des serfs dans les domaines du roi de France, et
abolition de la question préparatoire.

On coupe les arbres et les bosquets de Versailles pour les replanter tels qu'on
les voit aujourd'hui.

*Etablissement de l'académie des sciences de Mantoue.
*Etablissement d'un muséum à Rome, par le pape Clément XIV.
*Voyage de J. S. Stavorinus, Hollandais.

Sans date.
*Voyage de Boyle au Thibet, traduit par Perraud.
*Voyage aux Molluques et à la Nouvelle-Guinée, par le capitaine anglais Feret,
    traduit par Demeunier.

1775
Janvier
13 Abolition des contraintes solidaires pour le paiement des impôts,
    excepté dans le cas de rébellion.

    *Maladies épizootiques dans les provinces méridionales du royaume.

Février
15 *Pie VI (Jean-Ange Braschi), élu pape.
Mars
15 *La Russie, la Prusse et l'Autriche, se rendent garans de la cons-
    titution polonaise par le traité de Varsovie.
24 MM. les ducs d'Harcourt, de Noailles, de Fitz-James, de Mouchi,
    les comtes de Nicolaï et de Muy, maréchaux de France.
Avril
19 *Premières hostilités entre l'Angleterre et les colonies de l'Amé-
    rique septentrionale. Les Américains ont l'avantage.
28 Ordonnance sur une nouvelle organisation de l'infanterie.
Mai
    Emeute à l'occasion de la libre circulation des grains. Louis XVI
    paraît au balcon et parle au peuple.
5 Lit de justice. Cours prévôtales pour juger ceux qui entravent
    la libre circulation des grains.
7 *La Porte cède la Bukowine à l'Autriche. Ghiker, prince de Mol-
    davie, qui veut s'y opposer, est mis à mort.
11 Proclamation aux révoltés pour les grains.
    *Mort de la reine de Danemarck, Caroline-Mathilde d'Angleterre.
14 Amnistie aux révoltés pour les grains.
20 *Confédération entre les provinces américaines.
Juin
11 Sacre de Louis XVI à Reims.
17 *Les Anglais perdent beaucoup de monde à la conquête de la
    presqu'île de Charlstown et de la redoute de Breedshill, près Bos-
    ton. Les Américains s'aguérissent. Mort héroïque du docteur Wa-
    ren. Général Putnam. Washington élu généralissime.
Juillet
6 M. de Sartines, ministre d'état.
21 Lamoignon de Malesherbes remplace le duc de la Vrillière au mi-
    nistère de la maison du roi.
Août
6 Naissance du duc d'Angoulême.
14 *Dissolution et dispersion de la république des Cosaques Zaporogues.
14 Défense du duc de Toscane de mettre à exécution dans ses états
    aucun rescrit de la cour de Rome sans l'*exequatur* du juge laïc.
9 *Charles-Emmanuel, prince de Piémont, épouse Clotilde, sœur
    de Louis XVI. (Point d'enfans.)
    Suppression de l'ordre de Saint-Antoine.
Octobre
15 La frégate anglaise l'*Argus*, à la Martinique, insulte le pavillon

Octobre

français et des bâtimens anglo-américains soupçonnés de porter des munitions. Les habitans de la Martinique se rendent maîtres des chaloupes anglaises, et la fermeté du duc de Choiseul-Meuse, gouverneur de l'île, détermine le commandant anglais à faire des excuses.

21 Le comte Saint-Germain, ministre de la guerre à la mort du comte de Muy.

Novembre

5 *Mort de Christian IV, duc de Deux-Ponts. Le prince Charles de Deux-Ponts lui succède.

Décembre

15 Suppression de deux compagnies de mousquetaires; ils suspendent leurs drapeaux à la voûte de l'église de Valenciennes.

Arrêt qui défend d'imprimer les demandes en cassation.

Erection de la terre de Clermont-Tonnerre en duché-pairie.

*Accroissement de la puissance des Anglais dans l'Inde. Ils saisissent la province de Bénarès.

*Expédition des Anglo-Américains dans le Canada; Richard Montgommery, qui la commande, est tué à l'assaut de Québec.

Sans date.

*Le faux Pierre III, fait prisonnier, est conduit à Moscou dans une cage de fer, et y a la tête tranchée.

*Commencement des Yaïki, ou Cosaques du Don, ou Ouralie, qui ont pour chef un Hetman.

*L'empereur de Maroc, ayant échoué au siége de Melille, demande la paix aux Espagnols, qui ne la lui accordent que quelque temps après.

*Le général espagnol Orelli débarque près d'Alger, et est obligé de se retirer sur ses vaisseaux après une grande perte.

*Le capitaine Cook découvre la Géorgie méridionale et des côtes couvertes de neige, voisines du pole sud, qu'il appelle Thulé méridionale et îles Sandwich.

*L'Espagne charge Ayala et la Bodega de reconnaître la côte nord-ouest de la Californie; ils s'élèvent jusqu'à 58 degrés, découvrent le cap del Engano, la baie de la Guadalupa et le pont de los Remedios; en descendant ils retrouvent le port de sir François Drake.

*Les prêtres du Canada refusent les sacremens aux Américains qui n'embrassent pas le parti des Anglais.

*Nouvelle constitution de Pologne, dictée par Catherine II, tolère toutes les religions, donne aux habitans le droit de bourgeoisie, et détruit la servitude des paysans.

*Publication du livre intitulé : le Sens commun, par Thomas Payne.

*Système physionomique de Lawater, de Zurich.

*Système des corpuscules ultramontains, ou le Lucrèce Neutonien, de Georges-Louis Lesage, de Genève.

Système sexuel des plantes développé par Linnée.

*Voyage de Thumberg, Suédois, au Japon et à Ceylan; la relation traduite par Langlès.

1776

Janvier

*Le calendrier grégorien adopté par le corps évangélique.

Janvier

Des couplets infâmes circulent contre la reine Marie-Antoinette.
*Publication du code russe. (D'autres le placent en 1775.)

25 Le prince de Montbarey, directeur de la guerre.

Mars

10 Déclaration royale portant défense d'enterrer dans les églises, chapelles, oratoires, etc.

12 Suppression des corvées.

17 *William-Hove chassé de Boston par Washington. Les Anglais se
retirent à Halifax.

Avril

2 Convention entre la France et la république de Raguse.

12 Retraite de Turgot et de Malesherbes. M. Amelot à la maison du
roi, M. de Clugni au contrôle-général.

Mai

20 Rétablissement de la caisse d'escompte.

Juin

4 *Le congrès de Philadelphie dégage les Anglo-Américains du serment prêté au roi d'Angleterre.

Juillet

4 *Après l'évacuation de Boston par les Anglais, les colonies de l'A-
mérique septentrionale se déclarent indépendantes. L'acte est rédigé par Francklin, T. Jefferson et John Adams.

Etablissement de la loterie.

Août

2 Mort du prince de Conti, grand-prieur de France.

5 Madame la comtesse d'Artois accouche d'une fille.

11 Rétablissement des corvées.

*Voyages ordonnés par le roi pour déterminer exactement la position des îles
du Cap-Vert, quelques points de la côte d'Afrique, et sonder les côtes de
la Picardie et de la Normandie.

*Défaite des Américains à Long-Island et à New-York.

Septembre

19 Cartes d'une partie de la mer des Indes présentées au roi par le président Gre-
nier.

Octobre

7 *Le grand-duc Paul (Russie) épouse la princesse Marie-Fédérow-
na de Wirtemberg-Stuttgard.

16 Mort de M. de Clugni.

30 M. Taboureaux des Réaux au contrôle général ; M. Necker lui est
adjoint sous le titre de conseiller des finances, directeur du trésor
royal. Il refuse les émolumens de ces places.

*Brillante campagne de Washington.

Décembre

22 Règlement qui ordonne que les pensions ou grâces de l'état ne pourront être proposées que dans le mois de décembre de chaque
année.

25 *Les Anglais s'emparent de New-York.

Sans date.

*La cour de Londres achète du duc de Brunswick et du comte de
Hanau 17,000 hommes pour guerroyer contre les Américains

Beaucoup de Français passent en Amérique pour y soutenir l

Sans date.

guerre des insurgens; Lafayette est de ce nombre; Beaumarchais
y envoie des armes.

Louis XVI reconnaît l'indépendance de l'Amérique, du jour où les
Américains se sont déclarés libres.

Commencement des Cosaques de Mosdok.

Les Anglais rétablissent Toullasou, roi de Tanjaour, à condition
d'un hommage et d'un tribut.

*Chencuza, descendant d'Alompra, monte sur le trône des Bir-
mans.

*Mort d'Yin-Yac, usurpateur du trône de Cochinchine; son fils lui
succède.

*Tentative du commodore sir Peter Parker et du lieutenant, géné-
ral Clinton sur Charlstown, dans la Caroline du sud, qui est défendue par le général Lee.

*Les capitaines Cook et Clarke font un nouveau voyage pour chercher [un] pas-
sage nord-ouest entre les continens de l'Asie et de l'Amérique; ils vont à la
Nouvelle-Hollande, et découvrent les îles du prince Edouard; ils visitent
les îles des Amis et celles de la Société.

*Le roi des Deux-Siciles abolit la cérémonie annuelle de présenter
au pape une haquenée, et ordonne que le tribut de 7,000 ducats
payés à l'évêque de Rome sera considéré comme une aumône.

*Philosophie d'Etienne Bonnot de Condillac, précepteur du duc de Parme.

*La question est abolie en Pologne.

Déclaration des droits de l'homme, publiée par le congrès des
Etats-Unis d'Amérique.

*Le dogme de la souveraineté du peuple, proclamé par les Amé-
ricains, est soutenu par tous les écrivains, et même adopté
par plusieurs souverains de l'Europe.

*Invention de la roue astronomique, par Jacques Ferguson, Ecossais.

*Remarque de Cavendish sur le gaz hydrogène.

Création d'une école gratuite de dessin à Paris par Bachelier.

*Publication de l'Histoire des Stuarts, par Hume.

Etablissement de l'école des sourds-muets à Paris, par l'abbé de l'Epée, per-
fectionné après lui par l'abbé Sicard.

*Voyage à la Nouvelle-Guinée, par Sonnerat.

*Quelques-uns prétendent que ce fut vers cette année que Jenner trouva la
vaccine. Il ne publia ses observations qu'en 1794.

1777
Janvier

Création d'une lotérie en rentes viagères du capital de [illegible]

Etablissement du Mont-de-Piété à Paris.

Février

24 *Mort du roi de Portugal; Marie, sa fille, lui succède.

Mars

18 L'empereur Joseph II à Paris sous le nom du comte de Falkenstein.

On répandit le quatrain suivant :

> A nos yeux étonnés de sa simplicité,
> Falkenstein a montré la majesté sans faste.
> Chez nous, par un honteux contraste,
> Qu'a-t-il trouvé? du faste et point de majesté.

Mai

28 Alliance de 50 ans entre la France et les treize cantons, renouve-
lée à Soleure.

Juin

3 Traité de limites pour l'île de Saint-Domingue, entre la France et
l'Espagne.

Juillet

20 M. Necker, directeur général des finances,

La réunion de l'ordre de Saint-Antoine en Viennois à celui de
Malte est consommée cette année.

Août

10 Le corps du maréchal de Saxe transféré dans le mausolée fait par
Pigal à Strasbourg.

Le comte de Saint-Germain quitte le ministère de la guerre.

Septembre

*Combat de Brandywine. Les Américains sont battus. Premières
armes de Kosciusko, Lafayette, Casimir Pulauski.

*Les Anglais entrent à Philadelphie.

Octobre

*Traité préliminaire de paix entre l'Espagne et le Portugal, conclu
à Saint-Ildefonse.

16 *Le général anglais Bourgoyne capitule à Saratoga devant le général
américain Gates.

Franklin négocie avec la France.

*Succès du général Lafayette sur Cornwalis.

Novembre

9 Le prince Louis de Rohan, grand aumônier.

Abolition du droit d'aubaine en faveur de la Pologne.

20 *Ouverture du parlement d'Angleterre. Session fameuse par les
discours de lord Chatam.

Décembre

16 Première idée d'un traité d'union entre la France et les Etats-
Unis.

23 *Naissance du grand-duc Alexandre à Pétersbourg.

30 Mort de Maximilien-Joseph, électeur de Bavière. Charles-Théodore,
électeur palatin, lui succède.

Sans date

Erection de la terre d'Aubigny en duché-pairie, en faveur du duc
de Richemont, qui est en même temps pair de France et d'Angleterre.

*Les Russes, en paix avec les Turcs, envahissent la Crimée; la
paix est rétablie par la médiation de la France. La czarine retire
ses troupes de la Crimée, et la Porte ottomane renonce à la propriété de cette presqu'île. Sahin-Guerai, kan des Tartares, est
rétabli dans ses états.

*Des émigrés du Connecticut et d'autres parties de la Nouvelle-An-
gleterre s'établissent dans le Vermont.

*Le capitaine Cook découvre le détroit du roi Georges et celui de Sandwich.

Erection des deux évêchés de Nancy et de Saint-Dié en Lorraine.

Affranchissement des mainmortables dans toute la France, et

4

surtout pour les habitans de Saint-Claude. Louis XVI remplace
par les travaux publics la peine de mort contre les déserteurs, et
détruit les servitudes personnelles.

Suppression et rétablissement des communautés d'arts et métiers
en France.

Publication de l'Histoire générale de la Chine, par Grosier.
Le diamant est reconnu comme un corps combustible; expériences à ce sujet.

(1778)

Janvier

5 *Convention entre la cour de Vienne et l'électeur palatin sur la
succession de la Bavière.

22 Sedi-Tahar-Fenis, ambassadeur de Maroc, présenté à Louis XVI
pour le féliciter sur son avènement au trône.

23 Abolition du droit d'aubaine pour la Pologne, enregistré au parlement.

24 Naissance du duc de Berri, fils du comte d'Artois.

Février

6 Traité d'alliance et de commerce entre la France et les Etats-Unis.
Guerre entre l'Angleterre et la France.
Duel du duc de Bourbon et du comte d'Artois.
La reine Marie-Antoinette est mal accueillie à l'Opéra.

26 Mandement de l'archevêque de Paris sur la suppression de plusieurs
fêtes, enregistré au parlement.
Voltaire, de retour à Paris, bénit le petit-fils de Franklin.
Lettres patentes sur l'observation des fêtes et dimanches.

Mars

1er Traité du Pardo entre le Portugal et l'Espagne, interprétatif de
celui de Saint-Ildefonse.

20 Benjamin Franklin, Silas Deanes, Arthur Lee, envoyés des Etats-
Unis, sont présentés au roi.
M. Gérard, ministre de France auprès des Etats-Unis.

Avril

7 *Célèbre séance du parlement d'Angleterre. Lord Chatam, presque
mourant, s'y fait porter et fait décider la guerre avec la France.

13 Une escadre de 12 vaisseaux, commandée par le comte d'Estaing,
sort de Toulon, et conduit Silas Deanes et M. Gérard en Amérique.

28 Ordonnance qui assimile les compagnies de maréchaussée aux
autres troupes.

Mai

11 Mort de lord Chatam.

25 Arrêt du conseil qui casse l'arrêt du parlement qui avait condamné
Lalli.

30 Mort de Voltaire, âgé de 84 ans.
Fin des troubles de Corse. Amnistie.

Juin

12 *Une flotte anglaise de 23 vaisseaux, sous les ordres de l'amiral
Keppel, appareille de Sainte-Hélène.

Juin

17 La frégate anglaise l'*Aréthuse* attaque la frégate française la *Belle Poule*, commandée par le chevalier de la Clocheterie.

28 *Le général anglais Clinton est forcé par Washington d'évacuer Philadelphie, après avoir été battu à Montmouth.

*Le major général Sullivan est envoyé pour attaquer Rhode-Island, où Clinton s'était retiré.

Juillet

2 Mort de J.-J. Rousseau à Ermenonville, âgé de 66 ans.

Établissement d'une administration provinciale dans le Berri.

8 L'amiral Dorvilliers sort de Brest avec 32 vaisseaux et 15 frégates.

Le comte d'Estaing enlève 30 navires anglais, et se porte à Rhode-Island pour seconder l'armée des Américains.

9 *Nouveau traité de confédération entre les Etats-Unis d'Amérique.

27 Combat d'Ouessant entre les flottes anglaise et française ; indécis.

Le duc de Chartres y fut accusé de lâcheté ; à son retour à Paris, il fut nommé colonel général des hussards. Ce fut, dit-on, ce qui l'aigrit contre la cour.

*Guerre entre l'Autriche et la Prusse pour la succession de la Bavière.

Août

4 Abolition du droit d'aubaine entre la France et les Etats-Unis.

M. Gérard présenté au congrès.

*Victoire de Washington à Montmouth.

10 *L'expédition de Rhode-Island échoue. Sullivan évacue l'île.

Septembre

7 *Prise de la Dominique par les Anglais.

Octobre

1er *La ville de Kerson fondée par les Russes.

Novembre

4 Création de 4 millions de rentes viagères.

25 La Mothe-Piquet, chef d'escadre, rentre à Brest avec 10 navires anglais.

Décembre

8 L'amiral d'Estaing mouille à la Martinique.

20 Naissance de madame Marie-Thérèse-Charlotte, aujourd'hui duchesse d'Angoulême.

28 Prise de Sainte-Lucie par les Anglais. Le comte d'Estaing tente en vain de la reprendre.

Sans date.

Fabri, chef d'escadre, sort de Toulon avec 4 vaisseaux, et s'empare de bâtimens anglais dont la cargaison est estimée 3 millions de francs.

Le chevalier d'Eon devient célèbre comme général, ambassadeur et hermaphrodite.

*Nouvelle guerre des Anglais avec les Marattes.

*Hyder-Ali-Kan s'unit aux Français contre les Anglais, fond sur les Carnates à la tête de 100,000 hommes, s'empare du pays, et détruit un détachement d'Anglais.

Le comte de Carlisle, William Eden et George Johnson, se

Sans date

rendent à Philadelphie, pour traiter de la paix entre l'Angleterre et l'Amérique. Le congrès refuse de traiter avant que l'indépendance des colonies américaines ne soit reconnue, et que les flottes et les armées du roi d'Angleterre ne se retirent de l'Amérique.

*L'impératrice-reine Marie-Thérèse défend d'enterrer dans les églises; les cimetières seront placés loin des habitations.

Système philosophique de Barthez, médecin de Narbonne.

*Pie VI fait dessécher les marais Pontins.

Disputes en France au sujet de la musique de Gluck et de Piccini.

*Catherine II porte les flottes russes à 137 bâtimens.

*Cook aborde à la Nouvelle-Albion, visite Nootka, et trouve le cap et le port découverts par Ayla en 1775.

Méthode de Linnée, Vallerius et Daubenton pour la classification des végétaux.

(1779)

Janvier

7 Ceux qui auront reçu plusieurs pensions ou grâces, en feront une déclaration précise, et n'auront à l'avenir qu'un seul brevet.

24 Règlement sur les ordres de Saint-Lazare et de Notre-Dame du Mont-Carmel.

25 *Clôture de la diète de Suède, qui permet l'exercice de toutes les religions.

Février

Le roi donne le palais du Luxembourg à Monsieur.

Le roi accorde une pension et une épée au capitaine Fabri, commandant le corsaire le *Phénix*.

Mars

MM. Boncerf et Courvoisier achèvent le défrichement d'un marais considérable formé par les eaux du Troesne, près de Chaumont-en-Vexin, projeté dès le règne de Henri IV.

10 *Conférences de Teschen. La France et la Russie médiatrices de l'Autriche et la Prusse.

15 *Mort de l'empereur de Perse Kérim-Kan-Zuad. Après des massacres, son fils Aboul-Fetah-Kan lui succède.

*Prise de Pondichéri par les Anglais. Elle entraîne le petit nombre d'établissemens français dans l'Inde.

21 *Convention explicative de Constantinople, entre les Russes et les Turcs, sur l'indépendance de la Crimée.

Avril

12 *Les Espagnols signent à Aranjuez une convention avec la France et s'engagent à armer contre les Anglais.

Mai

5 L'amiral Dorvilliers sort de Brest avec 32 vaisseaux de ligne.

13 Paix de Teschen. L'Autriche gagne la partie de la Bavière comprise entre la Salza, l'Inn et le Danube.

Juin

*Les Espagnols prennent part à la guerre d'Amérique.

16 Prise des îles Saint-Vincent par le comte d'Estaing.

25 *Jonction des flottes espagnole et française. L'Angleterre court

nacée d'une descente. Le gouvernement de Venise proclame sa
neutralité.

*Les Espagnols commencent le siége de Gibraltar.

*Joseph II demande aux Hollandais la libre circulation de l'Escaut.

*Le grand lama vient en Chine voir l'empereur Kien-Long. Il
meurt.

Prise du Sénégal par le duc de Lauzun.

4 Prise de la Grenade par le comte d'Estaing.

5 L'amiral Biron veut la reprendre.

6 L'amiral Biron est battu et forcé de rallier ses vaisseaux à Saint-
Christophe.

8 *Eruption du Vésuve, qui détruit la ville d'Ottojano.

10 Suppression des droits féodaux et de servitude encore existans dans
les domaines du roi.

1er Le comte d'Estaing échoue devant Savanah.

8 Incendie du palais des évêques de Strasbourg à Saverne.

*Seconde tentative des Américains et des Français devant Savanah.
Le comte d'Estaing est blessé.

23 Madame Elisabeth de France est inoculée à Choisy.

30 Création de cinq millions de rentes viagères.

*Mort du capitaine Cook.

28 Courage, dévouement et succès de la Mothe-Piquet devant la Martinique.

Les Français reprennent les établissemens du Sénégal qui avaient
été cédés à l'Angleterre en 1663, ainsi que les forts James et
Bense sur les rivières de Gambie et de Sierra-Leona.

Le fort de Gondganor est pris aux Hollandais par Hyder-Ali-Kan.

Hyder-Ali et les Français s'unissent aux Hollandais ; le chevalier
anglais Eyre-Cootes arrête leurs efforts.

*Les Marattes continuent à faire la guerre aux Anglais.

*Les Français chassés de l'Inde se retirent à l'île de France.

*Le général Clinton fait évacuer Rhode-Island pour se fortifier
dans New-Yorck. Les Américains s'emparent de Nieuport. L'a-
miral d'Estaing repart pour l'Europe.

Acte du parlement d'Angleterre qui accorde une tolérance légale
aux ministres et instituteurs dissidens, et sans qu'ils soient obligés de souscrire aux dogmes de l'église anglicane.

*Philosophie de Guillaume Warburton, Anglais.

Fondation du lycée de Paris, par Pilastre du Rosier.

Duchanoy réduit en système l'art de fabriquer les eaux minérales.

*Publication de l'Histoire universelle depuis le commencement du monde, par
une société d'Anglais.

*Etablissement d'un musée à Calcutta.

Sans date

Publication des trois voyages du capitaine Cook, par Suard et Démeunier.
Blanchard, physicien français, promet de faire un bateau volant.

(1780)

Janvier

*L'amiral Rodney sort des ports d'Angleterre avec 22 vaisseaux, et se dirige vers Gibraltar.

13 L'administration provinciale du Berri présentée au roi.

14 Les hôpitaux vendront leurs immeubles et placeront leurs fonds en rentes sur l'état.

16 *Combat d'Algésiras. Les Espagnols, commandés par don Juan de Langara, sont battus par les Anglais, commandés par Rodney.

Février

25 Prorogation du second vingtième.

*Mort du duc de Modène. Le prince héréditaire Hercule-René lui succède.

Mars

19 Formation d'une administration provinciale dans la généralité de Moulins ; elle était composée de 52 personnes : clergé 10, nobles 16, tiers-état 26.

M. Gérard, ministre de France aux États-Unis, présenté au roi.

Avril

Combat entre les flottes française (le comte de Guichen), et anglaise (Rodney) dans les Antilles.

*Mort du duc de Brunswick-Wolfembutel.

6 *Mort de la duchesse régnante de Wurtemberg à Bareuth.

9 Le prince de Condé, colonel général de l'infanterie.

Suppression de 48 receveurs généraux des finances.

École de peinture et de sculpture à l'école vétérinaire d'Alfort, pour la représentation des animaux.

25 *Mort de l'électrice de Saxe Marie-Antoine, fille de l'empereur Charles VII.

Mai

1er Départ des premiers secours envoyés par la France aux États-Unis, sur l'escadre du chevalier Terrey. Rochambeau général en chef.

2 Cartel pour l'échange des prisonniers entre la France et l'Angleterre, signé à Versailles.

11 Les Anglais s'emparent de Charles-Town.

16 *Mort de la duchesse Eudoxie de Courlande à Pétersbourg.

19 *Pensacola et toute la Floride se rendent aux Espagnols.

28 Cartel d'échange signé à Londres.

M. Bertin sort du ministère.

Juin

8 Ouverture d'une école publique et gratuite de boulangerie à Paris.

L'escadre du chevalier Terrey débarque à Rhode-Island.

15 *Insurrection violente excitée à Londres par lord Gordon, relativement au bill sur les catholiques.

Juillet

*Les Anglais stationnés à l'entrée du golfe de Gascogne s'emparent de plusieurs vaisseaux français.

Juillet

.9 *Projet d'une neutralité armée entre la Russie, la Suède, le Danemarck, la Prusse, l'Autriche, le Portugal et Naples.

18 Les flottes française et espagnole prennent un convoi marchand de 50 voiles aux Anglais.

Août

1er *Neutralité armée conclue.

17 *Les Anglais (lord Cornwalis) battent les Américains (le général Gates) à Cambden.

28 Suppression de 400 charges de bouche et communs dans la maison du roi.

Septembre

*Cruautés des Anglais envers les Américains. Le président américain Laurens, pris sur un paquebot de Terre-Neuve, est mis à la tour de Londres et accusé de haute trahison.

5 Suppression des prisons du fort l'Evêque et du petit Châtelet. Abolition de la question.

24 *Le général américain Arnold trahit la cause de la liberté et passe aux Anglais.

Octobre

*Représailles des Américains.

10 *Le major André, adjudant général de l'armée anglaise, est pendu comme espion à Rappant.

*Les Américains se rallient et battent les Anglais à King-Montain.

Départ de la 2e division des secours envoyés aux Américains.

*Ouragan terrible aux Antilles; Bridg-Town, à Saint-Christophe, est détruit, et 5000 habitans périssent.

15 M. de Castries, ministre de la marine. M. de Sartine sort du conseil.

Rétablissement du port de Vendres.

Novembre

29 *Mort de Marie-Thérèse. Joseph II, roi de Bohême et de Hongrie. L'assemblée provinciale du Berri supprime les corvées dans sa province.

Décembre

18 Le prince de Montbarey sort du conseil. Le marquis de Ségur, ministre de la guerre.

20 L'Angleterre déclare la guerre à la Hollande. La France, l'Espagne, les Etats-Unis et la Hollande, se trouvent ligués contre l'Angleterre. Les Hollandais reprennent Cranganor.

*Fondation des académies des sciences de Naples et de Lisbonne.

Sans date

L'amiral de Guichen part de Brest pour les Antilles.

L'amiral d'Estaing se rend à Cadix pour commander les forces navales françaises ; il les ramène à Brest.

Les Français chassés de Bonne en Afrique.

*Aboul-Fetah-Kan, roi de Perse, est détrôné par Sadek.

*Le chevalier Eyre-Cootes bat Hyder-Ali.

*Le général anglais Vaughan et l'amiral Rodney reçoivent l'ordre d'attaquer les possessions hollandaises en Amérique.

Sans date

*Tupa-Amaro, descendant des incas ou empereurs du Pérou, se fait reconnaître inca, et se met à la tête de la nation péruvienne.

*L'inquisition est abolie dans les états du duc de Modène.

*Acte du parlement d'Angleterre en faveur des catholiques.

*Les chapelles des catholiques sont détruites à Londres et à South-wark par les protestans.

La question est abolie dans les états du duc de Modène.

*Méthode de Werner, naturaliste allemand, pour la classification des mi-néraux.

Invention du papier vélin pour les éditions d'Ambroise Didot, de la collection ad usum delphini.

Le frère Jean Baseillac, connu sous le nom de frère Côme, trouve le moyen d'extraire la pierre ou calcul par la voie du pubis, et invente le lithotome.

Invention des fourneaux économiques et portatifs, par Alvet.

Fondation en France d'une société philanthropique sous la protection de Louis XVI.

*Voyage pittoresque dans l'Inde etc., par l'anglais William Hodges.

*Fondation d'une académie des arts et des sciences, par les représentans du Massachusset, l'une des provinces de la Nouvelle-Angleterre.

(1781)

Janvier

Compte rendu au roi par M. Necker.

14 Arrêt du conseil sur les enregistremens.

21 Défense de livrer la monnaie de billon en sacs, quotité de cette mon-naie dans les paiemens.

29 *Théâtre de la Torre di None, à Rome, est brûlé.

Février

3 *Prise de l'île St-Eustache par les Anglais. Elle ne subit une ville prise d'assaut.

13 Création de six millions de rentes viagères.

Mars

13 *Herschell découvre la planète qui porte son nom.

Création de 3 millions de rentes viagères.

Combat indécis entre les flottes française (Destouches) et anglaise (Arbuthnot) dans la baie de Chesapeak.

15 *Cornwalis bat les Américains commandés par le général.

23 *Edit de l'empereur Joseph sur la bulle In cæna domini, règlement sur les couvens. Aucun rescrit du pape ne pourra être publié sans l'autorisation des tribunaux politiques.

Le lieutenant général Grasse appareille pour les Antilles.

25 *Suppression des bulles In cæna domini et Unigenitus.

Avril

*Code Frédéric en Prusse.

28 Grasse, attaqué par l'amiral Hood, se retire à la Martinique.

Mai

2 La Mothe-Piquet s'empare des vaisseaux anglais chargés des dé-pouilles de Saint-Eustache.

Mai

12 Lés malades de l'Hôtel-Dieu seront seuls dans un lit.

20 *Incendie de l'opéra de Mantoue.

25 Démission de M. Necker. Joli de Fleuri aux finances.

Juin

2 M. de Bouillé prend aux Anglais l'île de Tabago.

8 Incendie de l'Opéra au Palais-Royal.

La flotte française, commandée par le comte de Guichen, sort de Brest.

12 On défend les marchés faits avec les marins pour la part de prise.

24 Les cautions du bail des fermes offrent un prêt de 24 millions sans intérêts.

Découverte d'une comète par Méchain.

*Succès des Anglais dans l'Inde sur Hyder et Tippo-Saeb.

Juillet

6 La flotte française de 18 voiles entre à Cadix.

8 Mort de Jean de Baseilhac, feuillant connu sous le nom de frère Côme.

16 L'amiral Grasse à St-Domingue.

22 Les flottes française et espagnole sortent de Cadix.

Août

4 Le comte de Grasse part de St-Domingue avec 28 vaisseaux pour porter des secours en Amérique.

5 *Combat entre les flottes hollandaise et anglaise près du Doggers-Banc.

10 Edit des droits sur des objets de consommation.

15 *Mort de Marie-Thérèse de Savoie.

Edit sur les preuves que devront faire les sous-lieutenants.

16 Le comte de Grasse arrive devant la baie de Chesapeak.

19 *Prise de Minorque par les Espagnols.

Septembre

5 Combat entre les Français et les Anglais dans la baie de Chesapeak.

La flotte française rentre à Brest.

*Les Espagnols prennent Pensacola, dans la Floride occidentale.

*Charles-Maximilien de Saxe, frère de l'électeur, meurt à Dresde.

Octobre

15 Une flotte de 132 voiles part des Antilles.

Nouveau voyage de Joseph II en France.

16 Rétablissement des charges des 48 receveurs généraux.

19 *Capitulation de lord Cornwalis à Yorck-Town, devant une armée de 15,000 hommes, dont 7000 Français.

22 Naissance du dauphin, 1er fils de Louis XVI.

24 Mariage du prince Antoine-Clément de Saxe avec la princesse Caroline de Sardaigne.

Novembre

21 Mort du comte de Maurepas.

26 Le comte de Grasse mouille à la Martinique.

Prise des îles St-Eustache par le marquis de Bouillé sur les Anglais (amiral Cokburn).

Décembre

7 La flotte des Antilles arrive à Brest.

Décembre

12 Mort de Cristophe de Beaumont, archevêque de Paris. Ant.-E.-Léon Leclerc de Juïgné lui succède.

Sans date

*Mort d'Auguste-Guillaume de Brunswick-Lunebourg-Severn à Stettin.

*Sédition à Londres, excitée par lord Gordon, pour le maintien de la religion protestante en Angleterre, contre les papistes.

Tentative infructueuse des Français sur l'île de Jersey.

*Les Russes établissent des consuls dans la Moldavie, la Valachie et la Bessarabie.

*Sadek, usurpateur du trône de Perse, est détrôné. Murad-Kan, généralissime des troupes de Perse, règne.

Le bailli de Suffren, envoyé dans les Indes par la France.

*Chenguza, descendant d'Alompra, est chassé du trône des Birmans par Momien.

*Les Anglais s'emparent sur les Hollandais des colonies de Démérari et d'Essequibo.

*Rodney revient en Angleterre.

*Une femme accusée d'avoir eu commerce avec le diable est brûlée vive à Séville.

Découverte de deux nouveaux satellites de saturne, et vérification de son anneau.

*Découverte de la planète de cérès, par Piazzi, de Palerme.

Marggraf découvre le sucre de betterave 30 ans avant Hachard.

*La czarine envoie à la Chine quelques jeunes Russes pour apprendre la langue chinoise, les arts et les sciences en honneur dans cet empire.

*Etablissement de la banque de St-Charles en Espagne, sur le plan donné par Cabarus, banquier français.

Bailly donne son Histoire de l'astronomie ancienne, moderne et indienne.

*Voyage dans l'intérieur de l'Afrique, commencé en 1781 et achevé en 1797, par Charles-François Damberger, Allemand au service de la compagnie hollandaise.

*Publication des découvertes des Russes entre l'Asie et l'Amérique, avec l'histoire de la conquête de la Sibérie et du commerce des Russes et des Chinois, par l'Anglais Coxe, traduite par Démeunier.

*Voyage sur les côtes de l'Arabie heureuse, sur la mer Rouge, en Egypte, par Henry Rooke, major anglais.

(1782)

Janvier

11 *L'amiral sir Edouard Hughes s'empare de Trinquemale à Ceylan.

11 L'amiral de Grasse à Saint-Christophe.

17 *Mort de la princesse Caroline en Saxe.

*Les Hollandais évacuent les places de la barrière entre eux et la Belgique, qu'ils avaient depuis 1715. L'empereur Joseph II en fait démolir les fortifications.

26 Combat à St-Christophe entre les flottes anglaise et française.

Février

4 Prise du fort Saint-Philippe, à Mahon, par Crillon, sur les Anglais (Murray).

Février

4 Prise de St-Christophe et de Nevis, par M. de Bouillé.

15 Succès du bailli de Suffren dans les mers de l'Inde.

Mars

22 *Le pape Pie VI fait un voyage à Vienne ; il ne gagne rien sur Joseph II, qui poursuit ses projets de réforme.

*Le parlement demande au roi George la cessation des hostilités contre les Etats-Unis.

*Le marquis de Buckingham entre au ministère et prend des mesures pour la paix.

Avril

Le bailli de Suffren bat les Anglais entre Madras et Trinquemale.

12 Bataille navale entre la Guadeloupe et les Saintes, gagnée par les Anglais (Rodney) sur les Français (Grasse). Cette malheureuse journée assure aux Anglais l'empire de la mer. L'amiral de Grasse est fait prisonnier.

Mai

18 *Les îles de Bahama se rendent aux Espagnols.

Juillet

*Des troupes françaises, piémontaises et suisses, entrent à Genève pour terminer les dissensions civiles.

Août

10 Le bailli de Suffren se présente devant Trinquemale, qui capitule le 11ᵉ jour.

21 Les Français prennent et détruisent les forts et établissemens des Anglais dans la baie d'Hudson.

Septembre

3 *L'amiral Hughes accourt pour reprendre Trinquemale ; il est obligé de se retirer à Bombay.

*L'amiral Howe sort de Portsmouth avec 34 vaisseaux, à la vue des flottes d'Espagne et de France, fortes de 45 vaisseaux.

13 Siége de Gibraltar. Les batteries flottantes inventées par d'Arçon sont détruites. Il y eut sans doute de la faute des Espagnols, peut-être de celle du duc de Crillon qui commandait le siége. Le prince de Nassau en montait une ; il se fit remarquer par une valeur héroïque, ainsi que d'Arçon et un Espagnol nommé Moreno. Les batteries furent incendiées par les boulets rouges des Anglais. MM. de Rouffignac et de Grave, et un brave Anglais nommé Curtis, s'exposèrent aux plus grands dangers pour sauver les malheureux qui se noyaient.

14 *L'Espagne et la Turquie concluent un traité de paix et de commerce.

24 *L'Angleterre reconnaît l'indépendance des Etats-Unis.

Octobre

8 *Traité entre la Hollande et les Etats-Unis.

10 *L'amiral Howe ravitaille Gibraltar.

Novembre

30 Préliminaires de paix, signés à Paris entre les commissaires anglais et américains.

9 *Mort d'Hyder-Ali, souverain du Mysore. Son fils, Tippo-Saeb, lui succède et se déclare l'ennemi des Anglais.

Sans date

*L'amiral Rodney conduit aux Antilles une escadre considérable, pour se joindre à l'amiral Hood.

Gérard, ex-plénipotentiaire de France auprès des Etats-Unis d'Amérique, est envoyé à Londres ; et sir Alleyne-Fitz-Hébert vient à Paris pour négocier la paix.

D'Estaing, généralissime des armées de France et d'Espagne, part pour aller prendre le commandement de la flotte de Cadix.

*Sidi-Hamuda-Pacha est nommé bey de Tunis.

*Les Anglais font voile pour Ceylan, et les Français se présentent devant Pondichéri qui renferme une garnison anglaise.

*Chenguza, empereur des Birmans, fait périr son épouse, une conjuration se forme ; sa garde est attaquée, ses ministres sont égorgés. Il prend la fuite, retourne à Ava, et rentre dans son palais. Le père de son épouse prend le sabre d'un soldat et lui fend le ventre. Le jeune prince son fils fait trancher la tête à son aïeul maternel, et ne règne que 11 jours. Minderagée, 4e fils d'Alompra, le détrône et le fait noyer.

Une escadre française, aux ordres du capitaine Kersaint, reprend les établissemens enlevés par les Anglais aux Hollandais, sur les rivières de Démérari, Essequibo et des Berbiches.

*Vingt mille Français et Espagnols, aux ordres de don Galvez, arrivent au Cap-Français, et attendent l'armée navale de France pour attaquer la Jamaïque.

L'amiral Vaudreuil rassemble les débris de la bataille navale du 12 avril, et conduit 19 vaisseaux à Saint-Domingue.

L'amiral Vaudreuil répare son escadre sur les côtes du continent américain, revient aux Antilles, et protège les établissemens français contre l'amiral Pigot.

*L'empereur Joseph II supprime plusieurs ordres religieux des deux sexes.

*Le roi des Deux-Siciles supprime dans ses états l'inquisition ; la Toscane la détruit presque en même temps.

*Institution d'une société biblique à St-Pétersbourg.

*Fondation de l'ordre de Saint-Volodimir.

*Institution de l'ordre de Saint-Patrice.

*Joseph II, empereur d'Allemagne, abolit la peine de mort dans ses états.

*Le duc d'Ostrogothie trouve dans la bibliothèque du Vatican un manuscrit original contenant un recueil des anciennes lois suédoises pendant le 8e siècle.

Etablissement de la fonderie de Romilly près Rouen, par Le Camus de Limore.

Invention des planchers de fer, par Ango, architecte de Paris.

*Découverte de la planète de Pallas, par Olbers, de Bremen.

Mongolfier invente les ballons.

Sans date

  *Invention de la sténographie, par Samuel Taylor, Anglais.

  *Le comte de Carburi assassiné dans l'île de Céphalonie, où il établissait dans ses possessions des plantations de sucre, de café et d'indigo, par un Grec jaloux de sa culture.

  *Les mérinos d'Espagne sont introduits en Angleterre, en Amérique et au Cap de Bonne-Espérance.

  Kerqueley donne sa relation de deux voyages dans les mers australes et dans les Indes.

  Voyage dans l'Amérique septentrionale, par Robin, de Tonnerre.

  Voyage aux Indes orientales et à la Chine par Sonnerat.

(1783)

Janvier

20 M. de Vergennes, chef du conseil des finances.

  Bataille gagnée par les Français (le bailli de Suffren) sur les Anglais devant Gondelour (Indes).

  Préliminaires de paix entre l'Angleterre, l'Espagne, la France et la Hollande. L'Angleterre rend les possessions hollandaises, et cède à l'Espagne Minorque et la Floride occidentale. La France acquiert l'île de Tabago et le Sénégal, une augmentation de territoire autour de Pondichéri, les pêcheries du banc de Terre-Neuve, et les îles de St-Pierre et de Miquelon dans les mêmes parages ; l'abolition et la suppression des articles honteux relatifs à Dunkerque dans le traité d'Utrecht (1713). Du reste, la France et l'Angleterre se rendent réciproquemeut leurs conquêtes.

21 *Paix entre l'Angleterre et les Etats-Unis. Franklin, qui fit signer ce traité, exigea que les préliminaires n'auraient leur exécution qu'à l'époque de la paix définitive entre les alliés et l'Angleterre.

Février

5 *Tremblement de terre en Calabre. Messine est détruite.

10 *Armistice entre la Hollande et la Grande-Bretagne.

Avril

10 Le général Stuart part avec 500 Européens, 9,000 Cypayes et une nombreuse artillerie, et se dirige vers Gondelour.

Juin

5 Première expérience aérostatique de Mongolfier à Annonay.

7 *Le général Stuart prend poste au sud de Gondelour.

13 Les Anglais attaquent les Français dans Gondelour. L'amiral de Suffren arrive au secours de Gondelour et trouve l'amiral Hughes devant la place assiégée.

20 Combat entre les Anglais et les Français à la vue de Gondelour ; la nuit sépare les combattans.

  L'escadre anglaise va jeter l'ancre devant Alamparvé pour se réparer, et fait route ensuite pour Madras.

21 *Traité de commerce entre la Russie et la Porte.

28 *Sahin Guerai, kan de Crimée, abdique en faveur de la Russie qui prend possession de la Crimée, de l'île de Taman et de la partie de Kuban située sur la rive droite du fleuve de ce nom.

Septembre

2 Préliminaires de paix entre la Hollande et l'Angleterre, signés à
Paris.

3 Paix définitive de Versailles entre l'Angleterre, la France et l'Espagne.

*Paix définitive de Paris entre l'Angleterre et les Etats-Unis.

Novembre

21 Expérience aérostatique de Pilastre des Rosiers et de marquis d'Arlandes, à la
Muette; ils montent à 5oo toises et descendent dans la plaine de Mont-Rouge.

23 Le traité de paix avec l'Angleterre est proclamé à Paris,

Calonne, contrôleur général des finances.

Décembre

26 La Porte signe l'acte d'Aïnaly-Cavak, qui contient l'abandon de la
Crimée et du Kuban à la Russie,

Sans date

*Plusieurs familles génoises, bannies de leur patrie par suite des
troubles civils, se retirent en Irlande.

*Le duc de Portland et Fox redeviennent ministres d'Angleterre;
ils quittent le ministère vers la fin de l'année, et Pitt remplace
le duc de Portland.

*L'empereur d'Allemagne fait démanteler toutes les places de la
Belgique, excepté Luxembourg, Anvers et Ostende. La guerre
se prépare sur les frontières orientales et septentrionales de
l'Europe.

*Le prince Héraclius, czar de Géorgie, se soumet à Catherine II.

*Les Espagnols renouvellent leurs attaques contre Alger.

*Le général anglais Matthews prend Heder-Nagour en corrompant
le gouverneur.

*Tippo-Saeb évacue le Carnate, reçoit des secours des Français,
bat les Anglais. Matthews et son frère, faits prisonniers, sont empoisonnés.

*Les Anglais de Madras attaquent les Français à Gondelour.

*Une frégate parlementaire annonce la cessation des hostilités en
Europe.

*Les Anglais font la paix avec les Marattes, et la tranquillité est
rétablie dans l'Inde.

*Lord Warren-Hastings succède à lord Clive dans le gouvernement
du Bengale.

*Les Birmans s'emparent d'Aracan et des îles qui en dépendent.

*Thomas Mifflin est nommé président des Etats-Unis d'Amérique.

*Les Anglais reprennent les îles Lucayes aux Espagnols qui s'en
étaient emparés.

*Les Anglais vont à la pêche aux baleines vers l'extrémité du pays
des Patagons et aux îles Falkland, malgré les prétentions des
Espagnols.

Sans date

Le capitaine Wilson est jeté vers les îles Pelew, qu'il trouve gouvernées par un roi.

*Le capitaine anglais Turner visite à Terpaling le grand lama, appelé Téeshoo-Lama, et lui fait des présens de la part du gouverneur général des Indes, Hastings. C'était un petit enfant de 18 mois, qui s'amusa beaucoup d'une petite horloge qui lui fut présentée.

*Secte des méthodistes, fondée par George Withfield, théologien de l'église anglicane.

*Institution du 1er évêque de Connecticut, dans l'Amérique septentrionale, donnée par 5 prélats écossais non assermentés.

*Joseph II abolit la servitude, la corvée et la question, dans ses états héréditaires.

*Le roi de Prusse retranche la génuflexion des cérémonies de respect pratiquées à son égard.

*L'indépendance des Etats-Unis d'Amérique reconnue, même par l'Angleterre.

Le marquis de Jouffroy fait des expériences pour la découverte des bateaux à vapeur, et fait l'application de la pompe à feu à la navigation.

Bertholon démontre l'électricité des végétaux, et celle du corps humain dans l'état de santé et dans l'état de maladie.

Premier ballon aérostatique lancé à Paris par Mongolfier.

Herschel remarque dans la lune une éruption volcanique et deux montagnes nouvellement formées par l'effet d'une explosion.

Charles reconnaît que le gaz échappé du fer, qu'il nomme gaz inflammable, est dix fois plus léger que l'air atmosphérique.

Charles et Robert s'élèvent les seconds au milieu du jardin des Tuileries, avec un aérostat de 40 pieds de diamètre.

Création d'une école des mines à Paris, par Louis XVI.

Publication de la carte générale de la France, par C.-François Cassini, en 181 feuilles in-folio.

*Il s'élève une nouvelle île près de l'Islande, au sud de Grimbourg.

Second voyage de Le Vaillant dans l'intérieur de l'Afrique.

Voyage de Desfontaines sur les côtes de Barbarie, pour observer les diverses parties de l'histoire naturelle.

Voyage de Volney en Syrie et en Egypte pendant cette année et les deux suivantes.

*Samuel Turner, Anglais, fait un voyage au Thibet et au Boutan, par ordre du gouverneur général de l'Inde. Sa relation traduite par Billecoq.

(1784)

Janvier

8 *Convention de Constantinople entre la Russie et la Porte, confirmative de la cession de la Crimée, etc.

Mars

*Paix de Tippo-Saeb avec les Anglais. Il envoie un ambassadeur en France pour réaliser le projet d'une ligue indienne.

Avril

*Conférences de Bruxelles touchant les différens entre l'empereur et les Provinces-Unies, relativement à la navigation de l'Escaut et aux limites de la Flandre. Ces conférences n'aboutissent à rien. La guerre se déclare.

La France prend le parti de la Hollande.

Avril

16 *La reine de Danemarck cesse de conduire les affaires de ce
royaume. Christiern VII étant devenu absolument incapable de
régner, il se forme un nouveau conseil de régence à la tête duquel est placé le prince royal.

Mai

20 *Paix définitive de Paris entre l'Angleterre et la Hollande. Cession
de Négaptnam aux Anglais.

Juillet

1re Convention provisoire de commerce entre la France et la Suède.
Cession faite à la Suède de l'île St-Barthélemy, l'une des Caraïbes,
aux Indes occidentales.

Octobre

14 *Naissance de Ferdinand VII, depuis roi d'Espagne.

Sans date

*Pitt veut réformer le parlement d'Angleterre et ne peut y par-
venir.

Calonne augmente le dérangement des finances par des emprunts
excessifs.

*Sahin-Guerai, ancien kan des Tartares de Crimée, retourne sur
les terres des Turcs et y est étranglé.

*Les Espagnols sont obligés de lever le siége d'Alger.

Faujas de St-Fond donne la description de toutes les substances produites ou
projetées par les feux souterrains, ainsi que la minéralogie des volcans.

*Première ascension en ballon faite en Angleterre par Lunardi.

Magnétisme animal découvert par Mesmer, médecin allemand.

Blanchard passe le Pas-de-Calais en ballon, et vient d'Angleterre en France.

Voyage au Sénégal pendant cette année et la suivante, par de la Saille, ancien
officier de la marine française.

(1785)

Janvier

13 Traité de Munich, par lequel l'électeur palatin consent à échanger
la Bavière contre les Pays-Bas. Ce traité n'eut point d'effet, plusieurs princes d'Allemagne s'y opposèrent.

7 Découverte d'une comète par Messier et Méchain.

Février

13 *Mort d'Aly-Mured-Kan, souverain de la Perse. Guerre civile.

Mars

27 Naissance de Louis-Charles, duc de Normandie, deuxième fils de
Louis XVI.

Avril

27 Mort héroïque de Léopold, duc de Brunswick, âgé de 33 ans. Il est
englouti dans l'Oder en voulant secourir des malheureux en-
traînés par le débordement.

Juin

15 Pilastre des Rosiers et Romain, en combinant les deux procédés de la fumée
et de l'air inflammable, entreprennent de passer de France en Angleterre
dans un ballon; mais le feu y prend, et ils sont fracassés dans leur chute.

Juillet

29 Confédération germanique signée à Berlin contre le projet d'é-
change de la Bavière.

Août

1er M. de La Peyrouse part de Brest pour son dernier voyage, sur les vaisseaux l'Astrolabe et la Boussole.

Septembre

*Le commandement de la Haye enlevé au stathouder. Il se retire dans la Gueldre. Origine des troubles de la Hollande.

3o Arnold et son fils s'élèvent à Londres dans un aérostat avec parachute. Le premier est précipité; le second tombe dans la Tamise et parvient à gagner les bords sans accident.

Octobre

12 Abolition de la nonciature en empire.

Novembre

8 *Paix définitive de Fontainebleau entre l'empereur et la Hollande. La fermeture de l'Escaut est maintenue. L'empereur reçoit 10 millions de florins.

10 Alliance entre la France et la Hollande.

Sans date

On propose de marier la fille du duc d'Orléans avec le duc d'Angoulême, auquel le duc de Penthièvre offre la démission de sa dignité d'amiral : ce projet d'union est rompu.

*Mourad et Ibrahim recommencent la guerre entre eux ; alternativement chassés du Caire, ils se réunissent par un concordat signé au mois de mars.

*Congrès ouvert dans Golconde, où Tippo-Saeb engage les Marattes, les Patans et les autres grandes puissances de l'Indostan, à réunir leurs intérêts et leurs efforts pour expulser les Anglais de l'Inde.

*Peters, Russe, sorti du port de Macao, périt près de l'île de Cuivre, au sud-est de l'île de Beering.

Publication de l'histoire d'Angleterre, par Millot.

Publication de l'histoire des révolutions de Constantinople et de la Sicile, par l'évêque de Burigny.

Découverte des mines de charbon du Mont-Cenis, par de la Chaise.

Argand imagine les lampes à double courant d'air, appelées depuis quinquets, du nom d'un de ceux qui les perfectionnèrent.

Voyage dans le nord de la Russie asiatique, commencé cette année, par le commodore anglais Billurgs; il a duré jusqu'en 1794.

Voyage à la Troade, par Jean-Baptiste Lechevalier.

Voyage en Afrique, par le chevalier de Boufflers, gouverneur du Sénégal.

Voyage de Gosseyn-Porungeer au Thibet; la relation en a été traduite.

Voyage en Afrique, par Golberry.

*James Hanna, Anglais, part de Canton pour Nootka-Sund, et découvre Fitz-Hug-Sund.

(1786)

Mai

4 Passage de mercure sur le soleil. Ce passage, bien observé dans plusieurs endroits, a fait connaître le véritable orbite de cette planète.

25 *Mort de don Pèdre, roi de Portugal. La reine Marie imbécile ou folle. Le prince du Brésil gouverne le royaume.

Juin

11 Fin de l'affaire du collier. Madame de la Motte-Valois est fouettée

et marquée. Le cardinal de Rohan, acquitté par le parlement, est forcé de se démettre de la charge de grand-aumônier et exilé à l'abbaye de la Chaise-Dieu.

18 Voyage aérostatique de Testu dans un ballon de taffetas gommé.

21 Louis XVI va visiter le port de Cherbourg.

24 La Peyrouse arrive au Mont-Elie.

Juillet

9 Naissance de Sophie-Hélène-Béatrix, seconde fille de Louis XVI.

Août

17 *Mort de Frédéric II, roi de Prusse, dit le Grand. Frédéric-Guillaume II, roi de Prusse.

Septembre

13 La Peyrouse arrive au port Monterey, et passe à Macao en Chine; il découvre l'île de Necker.

16 La France fait avec l'Angleterre un traité de commerce très-désavantageux.

Décembre

24 Convention entre la France et l'Espagne.

Sans date

Le prince d'Orange s'empare des écluses au moyen desquelles on peut inonder la Hollande. Combat entre le stathouder et les habitans d'Utrecht, qui sont vainqueurs.

Pitt cherche à rompre les traités qui subsistent entre la France et les Bataves, ainsi qu'à former une alliance entre la Grande-Bretagne et le stathouder, qui a épousé une nièce du roi de Prusse Frédéric II.

La reine Marie-Antoinette soupçonnée de sacrifier les intérêts de la France à ceux de l'Autriche.

Trois ambassadeurs de Tippo-Saeb viennent à Paris proposer à la France une alliance pour faire conjointement la guerre aux Anglais dans l'Inde; leurs propositions sont éloignées.

Le prince de Condé reçoit l'ordre de s'opposer aux tentatives des Prussiens, et de disposer une armée près de Valenciennes et de Givet; mais l'année se passe en négociations infructueuses.

Joseph II offre aux Vénitiens le duché de Mantoue, en échange de l'Istrie vénitienne et de quelques portions de la Dalmatie.

Des compagnies se forment dans le Bengale pour participer au commerce ouvert par les Anglais avec les Chinois. Une factorerie anglaise est établie à Nootka-Sund.

Tippo-Saeb, abandonné de la France, réduit à traiter avec toutes les puissances belligérantes, fait mourir le chef de son ambassade en France.

*Les Siamois se révoltent contre les Birmans.

*Lowrie et Guise, expédiés de Bombay, reconnaissent les îles de la reine Charlotte que La Peyrouse vient de découvrir.

Adam, ambassadeur américain, présente à l'archevêque de Cantorbéry deux docteurs pour être faits évêques des Etats-Unis.

*Le grand inquisiteur de Rome est pendu par la multitude.

*La question est abolie en Suède par Gustave III.

*Le kantianisme, ou philosophie morale d'Emmanuel Kant, de Kœnisberg.

*Philosophie d'Adam Smith, d'Edimbourg.

Petite comète découverte et observée par Méchain, près l'épaule du verseau.

Construction du port de Cherbourg.

*Etablissement d'une caisse d'amortissement en Angleterre.

Institution des enfans aveugles, par Haüy.

Création par Louis XVI de la ferme expérimentale de Rambouillet, pour l'introduction des mérinos en France.

Découverte d'un papier fait avec des plantes et des végétaux, par Léorier de Lisle.

Dionis du Séjour donne son Traité des mouvements des corps célestes.

Publication des voyages de Pierre Poivre dans les îles d'Asie.

Voyage à la côte occidentale d'Afrique pendant cette année et la suivante, par L. de Grandpré, officier de marine.

Voyage dans l'Amérique septentrionale, par le marquis de Chastellux.

(1787)

Janvier

1er *Edit de Joseph II, qui introduit une nouvelle administration dans les Pays-Bas. Origine des troubles de ce pays.

11 Traité de commerce entre la France et la Russie.

15 Convention explicative du traité de commerce signé l'année précédente entre la France et l'Angleterre.

23 Mémoire du tiers-état aux états de Bretagne, rédigé par M. Gohier.

Février

15 Mort de M. de Vergennes. Montmorin le remplace.

22 1re séance de la première assemblée des notables.

23 2e séance de l'assemblée des notables.

Mars

12 3e séance des notables.

29 4e séance des notables.

Avril

12 Changement de ministres. Calonne prend la fuite. L'archevêque de Narbonne, Loménie de Brienne, le remplace. Lamoignon, garde des sceaux, à la place de M. de Miroménil.

20 Bouvard de Fourqueux, contrôleur général des finances.

23 5e séance des notables.

Mai

12 Laurent de Villedeuil, intendant de Rouen, contrôleur général des finances.

23 *Entrevue de Catherine II et de Joseph II à Kerson.

25 6e et dernière séance des notables. M. de Lafayette s'y fait remarquer.

29 *Insurrection en Hollande et en Belgique.

Juin

12 Ratification du traité conclu l'année précédente entre la France et l'Espagne.

17 Edit pour la liberté du commerce des grains.

19 Mort de madame Sophie, seconde fille de Louis XVI.

22 Création d'assemblées provinciales.

Juin

27 Conversion de la corvée en prestation en argent.

28 *La princesse d'Orange, femme du stathouder et sœur du roi de Prusse, est arrêtée par les troupes hollandaises, comme elle se rendait à La Haye pour concilier les affaires de son mari. Le roi de Prusse demande satisfaction de cet outrage fait à sa sœur.

Juillet

6 Le parlement, avant d'enregistrer les édits sur le timbre et la subvention territoriale, demande les tableaux des recettes et dépenses de l'état. Le roi refuse cette communication.

16 Grande séance du parlement. M. de Sémonville prononce un long discours sur la nécessité des états généraux, et demande qu'il soit fait au roi des remontrances contre l'enregistrement des édits sur l'impôt.

Août

4 Déclaration sur le timbre.

6 Lit de justice à Versailles, pour l'enregistrement des édits sur la suppression des deux vingtièmes et l'établissement de la subvention territoriale.

9 Réforme dans la maison du roi et de la reine.

10 Plaintes au parlement contre M. de Calonne. Permission d'informer.

14 Arrêt du conseil qui évoque la plainte et défend d'exécuter l'arrêt du parlement.

15 Le parlement est exilé à Troyes.

17 Monsieur et M. le comte d'Artois viennent l'un à la chambre des comptes, l'autre à la cour des aides. Le premier est applaudi, et le second hué par le peuple.

18 Protestation de la cour des aides sur les édits enregistrés la veille. *Guerre entre la Porte et la Russie. Les Turcs mettent en prison l'ambassadeur de Russie.

21 Arrêté du châtelet qui demande le rappel du parlement.

24 *Joseph II prend part à la guerre entre la Porte et la Russie, comme allié de la Russie.

Septembre

*20,000 Prussiens, commandés par le duc de Brunswick, entrent en Hollande et rétablissent le stathouder.

17 *Congrès général des Etats-Unis. Nouvelle constitution fédérale.

19 Convention explicative du traité de paix signé en 1783 entre la France et l'Angleterre.

Le roi révoque les édits des 4 et 6 août. M. Lambert, contrôleur général des finances.

20 Rappel du parlement de Paris.

21 M. de Brienne, ministre de la guerre, à la place de M. le maréchal de Ségur.

51 Discours du premier président du parlement au roi.

Octobre

Arrêt du conseil d'état sur les pensions.

Remontrances du parlement de Bordeaux.

Novembre

9 Suppression des charges des trésoriers des revenus casuels des marcs d'or et de la caisse d'amortissement.

19 Lit de justice à Paris, pour l'enregistrement d'un emprunt de 420 millions. Le duc d'Orléans, MM. Duval d'Esprémenil, Robert de St.-Vincent, Sabathier et Fréteau, s'y opposent et sont exilés. Le parlement proteste.

21 Le parlement est mandé à Versailles en grande députation pour y porter ses registres. Le roi annule sa protestation.

24 Mémoire des pairs sur le droit de siéger au parlement.

Décembre

8 Représentations du parlement.

10 Le parlement envoie quatre commissaires au roi pour porter ses remontrances.

23 Mort de madame Louise, tante du roi. M. de la Luzerne, ministre de la marine, à la place de M. de Castries.

Sans date

*Burke accuse lord Warren Hastings, gouverneur du Bengale, de haute-trahison.

Necker publie ses mémoires; il est exilé.

*Catherine II conclut un nouveau traité de commerce avec la France, qui devient inutile par la répugnance des marins français pour les mers glaciales.

*Le fils de Cang-Shung, roi de la Cochinchine, détrôné par l'usurpateur Yin-Yac, vient en France demander des secours à Louis XVI; il en reçoit et traite avec ce prince.

*Etablissement de la compagnie de l'Ohio. Le gouvernement des Etats-Unis colonise le territoire au nord-ouest de ce fleuve.

*Dixon découvre le port Mulgrave, les îles Charlotte et le cap Dalrymple.

*Duneau découvre un archipel qu'il nomme îles de la Princesse Royale.

On propose, à l'assemblée des notables, d'accorder aux non-catholiques les droits civils dont les seuls catholiques jouissent. Cette assemblée s'y refuse.

Secte des martinistes ou illuminés en France, dont d'Esprémenil est un des chefs.

*Le roi d'Angleterre nomme un évêque pour la Nouvelle-Ecosse, en Amérique.

Il se forme des clubs en France, un à Passy, et depuis au Palais-Royal.

*La traite des nègres est abolie par le parlement d'Angleterre dans toutes les possessions de cette nation.

Philosophie de C.-E.-Ph. Auguste Pastoret, de Marseille.

Sébastien Job est chargé par Louis XVI de reprendre l'ouverture du canal de l'Ourcq.

La fabrique de Lyon a 15,000 métiers en activité.

Invention des cadrans solaires horizontaux, avec équation, et divisés de 5 minutes en 5 minutes, par Pellier, ingénieur, de Paris.

Comète découverte et observée par Méchain.

*Herschel découvre de nouveaux volcans dans la lune.

De Joubert conçoit le projet de publier en France les gravures des objets de la galerie de Florence.

Berthollet applique l'acide muriatique oxigéné au blanchissement des toiles.

Idées de Boullanger de Rivery sur la cause et les phénomènes de l'électricité.

Système du monde, fondé sur les forces du feu, par Jadelot.

Lavoisier donne sa méthode de nomenclature chimique.

La Peyrouse passe de Macao aux îles Philippines, visite la côte de Tartarie e celle du Japon, reconnaît l'impossibilité de passer le détroit de Beering, et retrouve les îles des Navigateurs.

*Voyage dans la Perse et dans l'Inde, par Will. Franklin.

*Les Espagnols découvrent les îles des Ermites dans la mer des Indes.

Voyage au sommet du Mont-Blanc, par de Saussure, qui parvient à 1995 toises au-dessus du niveau de la mer.

(1788)

Janvier

9 Le roi déclare les remontrances du parlement indiscrètes.

26 La Peyrouse arrive à Botany-Bay; depuis il ne donne plus de ses nouvelles.

29 Edit en faveur des protestants. Il reconnaît la validité de leurs actes de mariage et de naissance.

31 *Mort de Charles-Edouard, dit le Prétendant, petit-fils de Jacques II.

Février

9 *L'Autriche déclare la guerre à la Porte. Les Turcs ravagent la Hongrie.

13 *Waren-Hastings, gouverneur général du Bengale, paraît à la barre de Westminster-Hall.

Mrs

15 Création d'un comité facultatif des finances. Edit sur la suppression des offices des gardes du trésor.

Avril

8 Etablissement d'une cour plénière à la place des parlements, qui sont suspendus.

11 Remontrances du parlement sur la séance du 19 novembre 1787.

15 *Alliance défensive entre l'Angleterre, la Prusse et la Hollande. La Hollande cesse d'être unie à la France.

16 Mort de Buffon, âgé de 80 ans.

17 Le roi répond aux remontrances des parlements que tout a été légal.

Incendie de l'hôtel des Menus plaisirs, rue Bergère.

29 Nouvelles réclamations des parlements: Goislard de Mont-Sabert dénonce les vérifications ministérielles qui se faisaient pour accroître les vingtièmes.

Mai

1 Ordonnance sur la jurisprudence criminelle.

3 D'Esprémenil dénonce au parlement les projets de la cour pour changer la magistrature.

4 Nouvelles remontrances des parlements sur les édits que les ministres devaient présenter, et qui furent découverts par d'Esprémenil.

Mai

5 Arrêt du parlement qui ordonne le brûlement d'un de ses édits fal-
sifiés.—On veut enlever d'Esprémenil et Goislard de Mont-Sabert.
Le parlement les met sous la sauvegarde du roi et de la loi. Députation envoyée à Versailles.

6 Les gardes françaises, commandés par le capitaine Vincent d'Agoust,
viennent enlever MM. Duval d'Esprémenil et Goislard de Mont-
Sabert. Le public est indigné, mais d'Agoust est récompensé par
le gouvernement des Tuileries. Protestation de la cour des aides
et de la chambre des comptes.

8 Lit de justice à Versailles. Le parlement est suspendu jusqu'au
mois de septembre. Création d'un nouvel ordre judiciaire.

9 Les parlementaires non supprimés refusent de siéger.
Arrêt du parlement de Bretagne.
La noblesse de Bretagne déclare infâmes ceux qui accepteraient des
places dans les nouvelles institutions.
Protestation de toutes les cours et corporations de Rennes. Ils
viennent haranguer le parlement.

10 Troubles à Rennes. Le comte de Thiard et Bertrand de Molleville
font enregistrer les nouveaux édits. Le peuple se soulève.
Dévoûment de M. Blondel de Nouainville, officier au régiment
de Rohan-Montbazon.
Tous les parlements et le clergé demandent les états généraux.

18 Protestation du châtelet sur les évènements du 5.

31 Protestation du parlement de Bretagne.

Juin

15 Remontrances de l'assemblée générale du clergé.

21 Réclamations du parlement de Pau sur l'établissement de la cour
plénière.

23 *Gustave III, roi de Suède, allié avec les Turcs, attaque la Russie
par la Finlande.

28 Arrêt du conseil d'état qui supprime les protestations des cours
contre le lit de justice du 8 mai.

29 *Suppression de la présentation de la haquenée blanche par le roi
de Naples.

Juillet

12 *Traité d'alliance entre la Suède et la Turquie.
*Commencement des hostilités entre la Suède et la Russie sur le
pont de Pomale-Sund.

17 *Combat naval près l'île Hogland entre les Russes et les Suédois. La
victoire est indécise.

25 M. Laurent de Villedeuil, ministre de la maison du roi, à la place
de M. de Breteuil.

Août

8 Arrêt du conseil qui révoque l'établissement de la cour plénière et
convoque les états généraux pour mai 1789.
Mort du maréchal de Richelieu.

Août

10 Les ambassadeurs de Tippo-Saeb ont une audience publique du roi
à Versailles.

16 Edit pour le paiement d'une partie des rentes et pensions en billets
de la caisse.

18 Arrêt sur la circulation des billets de la caisse d'escompte.

24 L'archevêque de Sens (Brienne) quitte le ministère. M. Necker,
contrôleur général.

26 Troubles à Paris. M. de Brienne brûlé en effigie. Le guet, com-
mandé par le commandant Dubois, tire sur le peuple. Dubois, cité au parlement, abandonné par la cour, se sauve en
Angleterre.

31 Mémoire présenté au roi par 53 députés des états de Bretagne.

Septembre

*Les Russes s'emparent de Choczim sur les Turcs.

*Les Danois déclarent la guerre à la Suède.

2 Lettre de la commission intermédiaire des états de Bretagne à
M. Necker.

10 Etats de Dauphiné.

11 Réclamations des curés sur la dépendance dans laquelle on les a te-
nus pour les élections.

13 Protestation du parlement de Paris, convoqué en lit de justice à
Paris pour le 15.

14 Lettre de félicitations à M. Necker.

19 M. de Barentin, gardé des sceaux, à la place de M. de Lamoignon.

23 Arrêt du conseil qui avance la convocation des états généraux en
janvier 1789.

26 Le parlement reprend ses séances au milieu des acclamations du
peuple ; il demande l'élargissement de ses membres exilés. —
Déclaration du roi, qui promet de nouveau les états généraux
pour le courant de 1789.

Dénonciation au parlement des troubles qui ont eu lieu dans Paris
depuis le 26 août.

M. Séguier dénonce et le parlement fait brûler le n° 116 des Annales politiques de Linguet, qui conseille une banqueroute nationale.

Octobre

14 M. d'Ormesson, premier président au parlement de Paris, à la place
de M. d'Aligre.

28 Mort du maréchal de Biron.

Novembre

1er Voyage du prince Henri de Prusse à Paris.

6 Seconde assemblée des notables.

30 Le comte de Puységur, ministre de la guerre.

Décembre

1er Les états de Dauphiné s'assemblent à Romans.

5 Arrêté du parlement pour demander la convocation des états généraux.

8 Mort du bailli de Suffren à 61 ans.

Décembre.

9 Supplications du parlement. Le roi répond qu'il n'a rien à dire à ses parlemens, et que c'est avec la nation qu'il concertera les dispositions propres à consolider la prospérité de l'état

12 Deuxième et dernière séance de l'assemblée des notables.

14 *Mort de Charles III. Charles IV roi d'Espagne.

17 * Les Russes et le prince Potemkim s'emparent d'Oczacow sur les Turcs.

20 Une assemblée des pairs exprime le même vœu que le parlement.

27 Rapport de M. Necker sur la convocation des états généraux. Edit qui décide la double représentation du tiers.

29 Grands froids en Europe.

31 Instruction pour les députés aux états généraux.

Sans date

*Premiers symptômes de la maladie de George III, roi d'Angleterre. Le prince de Galles, secondé de Fox, prétend à la régence; Pitt s'y oppose. La convalescence de Georges termine la difficulté.

*La Hollande cesse d'être unie à la France.

*Baban-Kan et Kouché-Kan se disputent le trône de la Perse.

*Les Anglais envoient une colonie dans la Nouvelle-Hollande, commandée par le commodore Philipps. Le port Jackson est occupé par les Anglais.

Necker publie un ouvrage sur l'importance des opininions religieuses.

*Etablissement du presbytère d'Abyngdon par un acte du synode des presbytériens, dans Ténessée, ou territoire au sud de l'Ohio.

Retour de la comète de 1661.

Publication du Voyage du jeune Anacharsis en Grèce, par J.-J. Barthélemy.

Histoire naturelle des quadrupèdes ovipares et des serpens, par Lacépède, continuateur de Buffon.

Etablissement d'une banque à Altona, sous la dénomination de banque d'espèces de Sleswick et du Holstein.

L'abbé Mical forme deux têtes d'airain colossales qui prononcent distinctement des phrases entières; il les brise sur le refus que la cour de France fait de les acheter. Il y a plusieurs versions à ce sujet.

*Etablissement du magyar ou muséum en Hongrie.

*Histoire des découvertes et des voyages dans le Nord, par Forester.

*Formation d'une société anglaise de savants pour visiter l'intérieur de l'Afrique. Ledyard et Lucas, géographes, sont chargés de faire les recherches projetées.

*Meares, Anglais, part de la Chine, pour aller reconnaître la côte au sud de Nootka.

*Grey, Anglo-Américain, arrive à Nootka.

*D. Stéphano Joseph Martinez, Espagnol, visite la côte nord-ouest de l'Amérique, et y trouve plusieurs établissements russes formés à la presqu'île d'Alaska.

(1789)

Janvier

2 Remercîments des six corps de la ville de Paris au roi, sur l'édit du 27 décembre 1788.

5 Suspension des états de Bretagne jusqu'au 3 février.

7

Janvier

22 *Mort de Djaffar-Kan, l'un des compétiteurs de Méhémet-Kan. Il est assassiné à Schiras. — Son fils Lutf-Aly s'empare de Schiras, et continue la guerre contre Méhémet.

26 A Rennes, les valets, soudoyés par la noblesse, se réunissent au champ de Montmorin. Un nommé Hélaudais les harangue. Ils attaquent les jeunes gens. Le chevalier du Guer est un instigateur de ces troubles.

27 La noblesse se joint à la valetaille. — Le peuple attaqué sonne le tocsin, enfonce un magasin d'armes. Le comte de Thiard rétablit l'ordre avec peine.

Arrêté du parlement de Franche-Comté contre l'édit du 27 décembre.

30 Les jeunes Nantais arrivent au secours de Rennes. — Le roi suspend les états. — La noblesse s'adresse inutilement aux jeunes gens.

Commencement des clubs à Paris et dans les provinces. — Aristocrates. — Démocrates.

Février

2 Mort de M. d'Ormesson. — M. Bachaud de Sarron, premier président.

Confirmation de la société de la charité maternelle sous la protection de la reine.

4 Fédération des jeunes gens de la ville d'Angers.

6 Les mères, les épouses, les amantes, etc., d'Angers, se joignent à leurs amis.

14 Arrêt du conseil qui supprime une relation de ce qui s'est passé à Rennes.

Mars

Élections des députés aux états généraux.

Avril

3 *Acte de réunion et de sûreté rédigé à la diète de Stockholm.

*Augmentation du pouvoir royal en Suède.

7 *Mort d'Abdul-Achmet IV. Sélim III, son neveu, empereur des Turcs.

28 Pillage des ateliers de Réveillon, au faubourg Saint-Antoine.

Mai

4 Procession des états généraux.

5 Ouverture des états généraux.

TABLETTES CHRONOLOGIQUES

DE LA

RÉVOLUTION FRANÇAISE.

~~~~~~

DEUXIÈME ÉPOQUE.

ÉTATS GÉNÉRAUX. — ASSEMBLÉE NATIONALE CONSTITUANTE.

(3 mai 1789 — 30 septembre 1791.)

Mai

5 Ouverture de l'assemblée des états généraux à Versailles, après 175
ans d'interruption. — Discours du roi annonçant la situation du
royaume et l'espérance du bien qu'il attend de la réunion des
trois ordres. —Discours du garde des sceaux sur des travaux qui
seront présentés à l'assemblée. — Discours du directeur général
des finances sur la situation de cette partie de l'administration.

Recettes . . .	475,294,000
Dépenses . . .	531,444,000
Déficit . . .	56,150,000

Dans la soirée du 5 mai, les députés du tiers, assemblés par provinces, décident que les députés du clergé et de la noblesse se
réuniront à eux, dans la salle commune, pour procéder à la vérification des pouvoirs respectifs.

On n'a pas préparé de salle pour le tiers, qui tiendra ses séances
dans la salle commune, tandis que les autres ordres ont des salles
particulières.

6 Les députés du tiers-état se rendent dans la salle commune, et y
attendent inutilement les députés du clergé et de la noblesse.
Ceux-ci, assemblés dans des salles séparées, décident que les
pouvoirs seront vérifiés et légitimés dans chaque ordre séparément. Le tiers-état, au contraire, tient pour principe que toutes
les délibérations, et surtout les vérifications de pouvoirs, doivent se faire en présence des trois ordres, et que sans cette vé-
~~~~~~

rification préalable, les représentans de la nation n'ont aucun caractère reconnu. M. Leroux préside l'assemblée du tiers-état comme doyen d'âge.

Arrêt du conseil ordonnant le maintien provisoire des règlemens rendus sur la police de la librairie, et faisant défense d'imprimer, distribuer et publier sans permission tout journal ou feuille périodique quelconque, sous les peines portées par les règlemens.

Autre arrêt qui supprime le numéro 1er d'une feuille périodique ayant pour titre *États Généraux*, et fait défense d'en publier la suite.

Lettre de Mirabeau à ses commettans, où il expose qu'il leur doit un compte particulier relatif aux affaires publiques ; qu'un journal qui devait être rédigé par quelques membres des états généraux lui paraissait remplir envers la nation ce devoir, mais que le ministère vient de donner le scandale public de sa suppression.

Dans la chambre de la noblesse, M. de Montboissier, président ; MM. Castellane, Liancourt, Lafayette ; les députations d'Aix et du Dauphiné, soutiennent l'avis de la vérification en commun ; leur opinion est rejetée. Nomination de 12 commissaires vérificateurs.

L e cardinal La Rochefoucault préside le clergé.

Deux bâtiments espagnols, pour prévenir les Russes, s'emparent du port de Nootka, qu'ils appellent port Saint-Laurent, comme faisant partie du Mexique. Les Anglais qui y sont établis sont arrêtés et conduits à Saint-Blas.

7 Proposition de Mounier adoptée, tendant à autoriser ceux qui le voudront à faire auprès des deux ordres, comme individus, des démarches conciliatrices. L'évêque de Montpellier, à la tête d'une députation du clergé, vient proposer la nomination de commissaires. Séance levée sans décision.

8 *Tiers*. Déposition sur le bureau des listes des députés de chaque bailliage. Discours de Rewbel ; examen de ce qu'est et de ce que peut l'assemblée ; il rejette tout acte qui la supposerait constituée, et demande qu'on se borne à régler la manière de recueillir les voix pour constater l'opinion de l'assemblée.

Le clergé nomme des commissaires.

11 Des députés de la noblesse du Dauphiné se présentent. Ajournement, attendu la non-constitution de l'assemblée.

13 Proposition de Rabaut Saint-Etienne de nommer sur-le-champ des commissaires pour conférer avec ceux des deux autres ordres.

Motion de Chapelier, proposant de déclarer que les communes reconnaissent comme légale que la vérification en commun, et de faire signifier cette déclaration aux deux autres ordres. Ajourné.

Discours de Boissy d'Anglas ; il pense que peut-être bientôt les représentans seront obligés de se constituer non en chambre du tiers-état, mais en assemblée nationale ; mais qu'avant l'assemblée doit épuiser les démarches de conciliation et de paix. Viguer, appuyé par Thouret et Barnave, fait des observations sur les sacrifices à faire au bien de la paix.

Le comte d'Artois, frère du roi, écrit à l'assemblée de la noblesse que les ordres du roi lui interdisent d'y siéger comme membre de la députation de Tartas.

16 *Tiers.* Continuation de la discussion sur le projet de Chapelier. Volney propose de réunir les projets de Chapelier et Rabaut Saint-Étienne.

Clergé. Plusieurs curés déclarent qu'ils ne peuvent remettre leurs cahiers qu'à la réunion de tous les députés. Ils sortent après avoir protesté.

18 *Tiers.* Discours de Mirabeau. Il appuie la réunion des deux projets, et propose de n'envoyer des députés qu'au clergé. Adoption de la proposition de Rabaut ainsi amendée.

M. de Lamoignon, ancien garde des sceaux, meurt subitement à sa terre de Baville.

19 *Tiers.* Nomination de 16 commissaires.

Clergé. Proposition d'annoncer au tiers-état que le clergé est dans la résolution de renoncer à tous priviléges pécuniaires.

20 Motion de Laborde de Méreville vivement combattue pour la formation d'un comité de rédaction.

La noblesse ne prend aucun parti.

22 Motion de Laborde de Méreville rejetée.

Noblesse. Proposition de d'Entraigues autorisant les commissaires à annoncer à ceux du tiers la renonciation de la noblesse à ses priviléges pécuniaires.

23 *Tiers.* Deux députations du clergé et de la noblesse se rendent séparément à l'assemblée du tiers ou des communes, et y font connaître la résolution de l'un et de l'autre ordre, de renoncer à tous leurs priviléges et de supporter avec égalité les contributions et les charges publiques, conformément aux instructions de la très-grande majorité des cahiers des bailliages.—Lecture d'une lettre du marquis de Brézé, annonçant que les députés nouveaux venus seront présentés au roi le dimanche 24 mai. La lettre est terminée par cette formule : *J'ai l'honneur d'être avec un sincère attachement.* Mirabeau : « A qui s'adresse ce sincère attachement? » Le membre qui a lu la lettre annonce qu'il est écrit au bas : *M. le doyen de l'ordre du tiers.* Mirabeau : « Il ne convient à personne dans le royaume d'écrire ainsi au doyen des communes. » L'assemblée partage ces sentimens, et charge le doyen de les faire connaître à l'auteur de la lettre.

Panckoucke sollicite l'impression du journal de l'Assemblée nationale.

Ouverture des conférences sur la vérification des pouvoirs.

25 *Tiers.* Mirabeau fait sentir la nécessité d'un règlement provisoire.

26 La noblesse arrête que la vérification des pouvoirs aura lieu pour cette tenue des états en chambre séparée.

27 *Tiers.* En apprenant l'arrêté de la noblesse, Camuzat de Bélombre pense qu'il est temps de suivre l'avis de Chapelier.—Populus. —Mirabeau, à cause de l'obstination de la noblesse, insiste pour qu'on ne s'adresse qu'au clergé. Adoption de cet avis par acclamation.

Clergé. Target vient, au nom du tiers, demander la réunion. L'évêque de Chartres et plusieurs autres appuient cette réunion. L'assemblée ajourne.

28 Lettre du roi désirant la reprise des conférences conciliatrices. Malouet demande que la délibération sur cette lettre soit secrète. Rejeté sur la proposition de Volney.

Les trois ordres accèdent à la reprise des conférences.

Noblesse. Arrête, sur la motion de Bouthillier, que la délibération par ordre, et le *veto* de chaque ordre en particulier, sont les principes constitutifs de la monarchie, et que la chambre y persévérera. Protestation du duc d'Orléans et de 10 membres sur cet arrêté.

29 *Tiers.* Les députés de Bretagne, d'Artois, Bureau, Camus et autres, parlent contre les conférences. Discours de Mirabeau sur les piéges renfermés dans la lettre du roi. Il propose une adresse au roi.

30 *Tiers.* Adresse au roi.—Mémoire de d'Entraigues sur les prétentions de la noblesse

31 Prix fondé par un décret en faveur des cultivateurs laborieux.

Juin

2 Le roi refuse de recevoir les députés du tiers à cause de la maladie du dauphin.

3 M. Bailly est installé doyen ou président de la chambre des communes. Observations sur la difficulté qu'éprouve la députation pour arriver au roi. Milscent dit qu'il est essentiel d'éloigner les intermédiaires entre l'assemblée et le roi. Chapelier appuie. L'assemblée arrête que son doyen s'adressera directement au roi, attendu que les communes ne peuvent admettre d'intermédiaires entre lui et le peuple.

Noblesse. Refus de donner le titre de *communes* au tiers.

4 Suite des conférences. Necker propose un plan de conciliation.

Le dauphin, âgé de huit ans, meurt au château de Meudon. Son frère le duc de Normandie devient dauphin.

6 Le roi reçoit la députation du tiers.

Tiers. L'évêque de Nîmes, à la tête d'une députation du clergé, vient réclamer un prompt remède à la misère du peuple et à la cherté du pain. Grande rumeur dans l'assemblée. Garat.—Populus.

Fin des conférences.

Tiers. Séance du soir. Adoption d'articles réglementaires.

8 Bailly continué à la présidence. Envoi d'une députation à Meudon pour jeter de l'eau bénite sur le corps du dauphin. Malouet pense que l'assemblée ne peut se constituer en assemblée nationale. Députés de Saint-Domingue admis.

10 *Tiers.* Mirabeau pense que les communes doivent se décider; il annonce la motion de Sieyes. Celui-ci propose de procéder de suite à la vérification des pouvoirs et de sommer les deux ordres de se rendre à la salle commune. Renaud.—Target.—Treilhard. On substitue le mot *invitation* au mot *sommation*.

Tiers. Séance du soir. Projet d'adresse au roi. Députés envoyés aux deux ordres pour les inviter à se réunir pour la vérification des pouvoirs en commun par bailliage.

Cent membres du clergé sont sur le point de se réunir au tiers.

11 Procession de la Fête-Dieu. Les chambres s'y rendent par députation.

12 *Tiers.* Discussion publique de l'adresse au roi. Le projet de Barnave adopté avec quelques changemens. Celui de Malouet rejeté comme sentant la flatterie et la corruption de la cour. L'assemblée procède à l'appel des bailliages. Bailly, président provisoire; Camus et Pison du Galand, secrétaires.

La noblesse et le clergé délibèrent. L'abbé Maury s'oppose vivement à la réunion.

13 Trois curés du Poitou, Lecesve, Ballard et Jallet, se présentent à l'appel de leur bailliage. Discours de Jallet. Enthousiasme de l'assemblée. La réponse du roi à l'adresse de l'assemblée fait naître le mécontentement.

14 Suite de la vérification des pouvoirs. L'élection de Malouet renvoyée à une commission avec celle des députés du Dauphiné.

Séance du soir. Les curés Besse, Grégoire, Dillon, Guegan, Loaisel et Bodineau, se rendent à l'assemblée.

15 Le curé Marolles, et Mougins de Roquefort, curé de Grasse, se réunissent aux communes. Sieyes propose de se déclarer *assemblée des représentants connus et vérifiés de la nation française;* Mirabeau propose le titre de *représentants du peuple français;* Mounier et Barnave, *assemblée légitime des représentants de la majeure partie de la nation agissant en l'absence de la minorité;* Rabaut, *assemblée des représentants du peuple de France.*—Députation de la noblesse.

Séance du soir. Target et Bergasse attaquent le mot *peuple*, proposé par Mirabeau; Chapelier, *représentants de la nation française légalement vérifiés.* Mirabeau défend son projet. Malouet.

16 Le curé Berthereau se rend à l'assemblée. Suite de la discussion de la veille. Legrand propose le titre d'*assemblée nationale.*

Séance du soir. Le curé Laurent; Lompré, chanoine; les curés Clerget, Rousselot, Joubert et Lucas, se rendent à l'assemblée. Suite de la discussion. Les débats se prolongent jusqu'à minuit.

17 A la majorité de 480 voix sur 569, les communes se forment en

ASSEMBLÉE NATIONALE et se constituent immédiatement en activité. L'assemblée nationale décrète, sur la motion de Target et Chapelier, la continuation provisoire des impôts existans. Les créanciers de l'état mis sous la sauvegarde et la loyauté de la nation. Adresse au roi.

Séance du soir. On reçoit une lettre du roi qui blâme l'expression souvent répétée par le tiers-état de *classe privilégiée*, et le refus du tiers d'accéder avec le clergé au plan de conciliation. Discussion de l'adresse au roi.

18 Discours de Barrère sur la disette. Discussion sur la formation de comités.

Le clergé, à la majorité de 139 voix contre 135, se prononce pour la réunion aux communes.

La noblesse adopte un projet d'adresse au roi par M. de Croï.

20 La salle où viennent s'assembler les députés du tiers étant fermée par ordre du roi, sous le prétexte d'y faire des réparations, M. Bailly, président de l'assemblée, les réunit au jeu de paume, rue Saint-François. Ils y font ce serment devenu si célèbre : « Nous jurons de ne jamais nous séparer de l'assemblée nationale, et de nous réunir partout où les circonstances l'exigeront, jusqu'à ce que la constitution du royaume soit établie sur des fondemens solides. » Les députés de Saint-Domingue sont admis et prêtent serment. Un seul député, Martin d'Auch, se déclare opposant. Divers projets d'adresse au roi.

22 L'assemblée se réunit d'abord aux Récollets, ensuite à l'église Saint-Louis. Lettre du roi à M. Bailly, président de l'ordre du tiers, annonçant une séance royale pour le 23. Cent quarante-neuf membres du clergé se réunissent aux députés du tiers assemblés dans l'église Saint-Louis.

Voyage du roi à Marly.

23 Séance royale. Les députés sont introduits dans la salle en distinguant les ordres. Mécontentement de ceux des communes, qu'on fait attendre une heure à la pluie.

Le roi se rend aux états généraux, accompagné de ses ministres, excepté M. Necker. Il y porte une déclaration qui casse les délibérations prises par les députés du tiers-état le 17, comme illégales et inconstitutionnelles; il y porte de plus des articles qui renferment les intentions dont il est animé. Il termine cette séance par un second discours, dans lequel il annonce qu'aucune disposition ne pourra avoir force de loi sans son approbation spéciale, et ordonne à tous les membres de l'assemblée de se séparer sur-le-champ. Morne silence dans l'assemblée.

Malgré ces ordres, les députés qui ont formé l'assemblée nationale restent dans la salle après que le roi en est sorti.

M. de Bréré, grand-maître des cérémonies, étant venu les som-

mer de se retirer, M. de Mirabeau lui adresse ces paroles : « Allez
» dire à ceux qui vous ont envoyé que nous sommes ici par
» la volonté du peuple, et que nous n'en sortirons que par la
» puissance des baïonnettes. » —Sieyes : «Vous êtes aujourd'hui ce
que vous étiez hier. » Sur la proposition de Mirabeau, la personne
des députés est déclarée inviolable.

24 Réunion de la majorité du clergé au tiers-état, formant en tout
191 membres.

Arrêté portant établissement d'une imprimerie à Versailles, pour
les travaux de l'assemblée nationale ; elle choisit Baudouin, député suppléant de Paris, pour son imprimeur. Rassemblement
de troupes autour de l'assemblée. Mirabeau annonce la démission du garde des sceaux, qu'il se proposait de dénoncer. Lettre de remercîment de Necker.

25 Quarante-sept membres de la noblesse se présentent dans la salle du
tiers ; le duc d'Orléans est parmi eux rangé dans l'ordre des
bailliages. Discours du comte de Clermont-Tonnerre.

Le peuple attaque l'archevêque de Paris, accusé de former les intrigues qui menacent l'assemblée.

La minorité du clergé et la majorité de la noblesse donnent leur
adhésion à la séance royale.

26 Les évêques d'Orange et d'Autun, les abbés de Saint-Albin et Do-
lomieu, M. de Créci et d'autres, se réunissent à l'assemblée. Députation des électeurs de Paris : Moreau de Saint-Méry, orateur. Déclaration de Lally-Tollendal et Clermont-Tonnerre.
L'archevêque de Paris amené par celui de Bordeaux. Le duc de
Liancourt, député par la noblesse. Députation des citoyens de
Paris ; Mailly fils, orateur.

27 D'autres membres du clergé et de la noblesse viennent se réuni
à l'assemblée. Discussion sur le nombre des députés de Saint-
Domingue, et sur la liberté des noirs.

D'après l'invitation du roi, la minorité du clergé et la majorité de
la noblesse se rendent dans la salle de l'assemblée nationale, et
achèvent ainsi la fusion des trois ordres. Discours du cardinal
de la Rochefoucault, des ducs de Luxembourg et d'Aiguillon.
Projet d'adresse au roi par Mirabeau.

Une armée de 50,000 hommes se rassemble dans les environs de
Paris.

30 *Ass. nat.* Adresse de félicitations de plusieurs villes.

Le peuple délivre par force, de la prison de l'Abbaye-Saint-Ger-
main-des-Prés, plusieurs soldats des gardes françaises détenus
pour leur insubordination.

Ce fut dans ce mois que commencèrent les distinctions d'*aristocrates*
et de *démocrates*. Vint ensuite le nom de *noirs*, par lequel on
désignait les membres du côté droit ou aristocrates qu'on appelle aujourd'hui *blancs* ; il y eut dans ce côté des *impartiaux*,

de *francs aristocrates*. Le côté gauche ou démocrate prit les noms de *partisans du Palais-Royal, enragés, patriotes, partisans d'Orléans, orléanistes.*

Juillet.

1ᵉʳ Plusieurs personnes s'étant présentées à l'assemblée pour solliciter sa médiation auprès du roi, à l'effet d'obtenir la grâce des gardes françaises prisonniers, l'assemblée arrête qu'il sera fait une députation au roi pour invoquer sa clémence.

2 Des troupes en grand nombre, et la plupart étrangères, s'établissent près de Versailles et de Paris ; elles sont mises sous le commandement du maréchal de Broglie.

 Ass. nat. Protestation de plusieurs députés de la noblesse et du clergé contre le vote par tête. Formation des bureaux.

3 *Ass. nat.* M. de Juigné, archevêque de Paris, communique une lettre à lui écrite par le roi sur l'arrestation des gardes françaises. M. le duc d'Orléans refuse la présidence. Le Franc, de Perpignan, archevêque de Vienne, l'accepte. Députation de l'assemblée à Bailly, pour le féliciter sur sa présidence. Reprise de la discussion sur le nombre de députés de Saint-Domingue.

4 *Ass. nat.* Remercîment de Bailly. Adresses de plusieurs villes. Le nombre des députés de Saint-Domingue est fixé à 6. Rapport de Dupont de Nemours sur les subsistances.

6 *Ass. nat.* Discussion sur les subsistances. Lally-Tollendal, Blanche, Bertholio, orateurs des électeurs de Paris.

7 *Ass. nat.* Félicitations de plusieurs villes. Discours de Talleyrand, évêque d'Autun, sur les mandats des députés. Lally-Tollendal. — Barrère. — Sieyes.
Comité de la majorité de la noblesse, qui se rassemble après les séances.

8 *Ass. nat.* Adresses de félicitations de beaucoup de villes. Discussion sur les mandats. Discours de Mirabeau pour demander au roi le renvoi des troupes qui environnent l'assemblée nationale et Paris, et demande de la création d'une milice bourgeoise. Lafayette demande que cette proposition soit discutée de suite. Sieyes. — Chapelier. — Biauzat fait écarter la proposition des milices bourgeoises.

9 *Ass. nat.* Adresse au roi sur le renvoi des troupes, rédigée par Mirabeau. Députation de 24 membres pour la porter. Adresses de félicitations. Rapport du comité central chargé de disposer l'ordre du travail sur la constitution, par M. Mounier.

10 *Ass. nat.* Lecture d'adresses. Création de plusieurs comités. Election de Malouet approuvée. Excès des troupes dans Versailles.

11 Révolution dans le ministère. Renvoi de M. Necker. Il reçoit l'ordre de sortir de France.
Les nouveaux ministres sont : le baron de Breteuil, le maréchal

de Broglie, Foulon, la Porte et la Galaisière. Dans ce temps, Necker était appelé l'*adoré*, l'*idole*, le *dieu du peuple*.

Ass. nat. Le roi répond à l'adresse de l'assemblée que si les troupes causent de l'ombrage, elles seront transférées à Noyon ou Soissons, et qu'alors il se rendrait à Compiègne.—Rumeur à l'occasion de cette réponse. — Mirabeau. — Discussion sur la formation du comité de constitution. Lafayette, appuyé par Lally-Tollendal, propose une déclaration des droits.

12 A Paris, à la nouvelle du renvoi de M. Necker, le peuple va prendre son buste et celui du duc d'Orléans, chez Curtius, et les porte en triomphe. Les gardes françaises s'échappent de leur quartier et prennent le titre de *soldats de la patrie*.

M. de Lambesck pénètre dans les Tuileries à la tête de son régiment de cavalerie, et charge sur la multitude. Cet évènement excite le plus grand trouble. Le peuple, pendant la nuit, enfonce les boutiques des armuriers et s'arme. Le tocsin sonne dans Paris et les campagnes environnantes.

13 *Ass. nat.* L'assemblée déclare que M. Necker et les autres ministres renvoyés avec lui emportent l'estime et les regrets de la nation. Mounier. — Lally-Tollendal. — Virieu. — Rapport sur la situation de Paris. Custine. — Biauzat. — Grégoire. — Saint-Fargeau. Le roi répond à la députation qu'il persiste dans ses mesures. L'assemblée se déclare en permanence. Lafayette vice-président.

Le peuple incendie les barrières. Des brigands pillent la maison de Saint-Lazare. Le garde-meuble est forcé. Trente mille fusils et six pièces de canon sont enlevés aux Invalides.

14 Prise de la Bastille par le peuple de Paris. M. Delaunay, gouverneur, le major, l'aide-major et le capitaine de la compagnie des Invalides, sont massacrés. M. de Flesselles, prévôt des marchands, est tué d'un coup de pistolet au coin du quai Pelletier.

Milices bourgeoises organisées par une ordonnance des électeurs. Cocarde verte et blanche foulée au pieds. On prend la cocarde bleue et rouge.

Ordonnance du roi qui supprime pour les troupes la punition des coups de plat de sabre, et la remplace par la prison et autres punitions réglées par la discipline militaire.

Ass. nat. Nomination des membres qui doivent composer le comité de constitution, savoir : MM. Champion de Cicé, archevêque de Bordeaux, Talléyrand-Périgord, évêque d'Autun; de Clermont-Tonnerre, Lally-Tollendal, Mounier, Sieyes, Le Chapelier, et Bergasse. Adresses de félicitations. Rapport sur les évènemens de Paris. Deux députations envoyées au roi. Adresses de félicitations. Rapport sur les évènements de Paris. Deux députations envoyées au roi.

15 *Ass. nat.* Le roi se transporte avec ses deux frères, sans garde, sans

cortège et sans ministre, au lieu où siègent les états-généraux, qu'il nomme pour la première fois *assemblée nationale*. Il annonce le renvoi des troupes, approuve la formation de la garde nationale, rappelle M. Necker, et invite les représentants de la nation à envoyer des députés à Paris pour y ramener l'ordre et le calme; ce qui est exécuté. Barnave et Mirabeau demandent le renvoi des ministres. Mort de M. Leblanc, député de Besançon.

M. Bailly, maire de Paris. M. de Lafayette, commandant général de la garde parisienne. Le vicomte de Noailles, major général de ladite garde.

Emigration des princes et de plusieurs grands; le comte d'Artois et ses fils; le prince de Condé.

16 M. Necker rappelé. Le Maréchal de Broglie, le duc de la Vauguyon et le baron de Breteuil, nommés ministres cinq jours auparavant, se retirent.

17 Le roi se rend à l'hôtel de ville de Paris; il prend la cocarde nationale qui lui est présentée par le maire de Paris, et se montre au peuple avec ce signe.

18 *Ass. nat.* M. le duc de Liancourt, 5ᵉ président. Souscription en faveur des ouvriers du faubourg, qui depuis cinq jours ont quitté leurs travaux.

20 *Ass. nat.* Dangers que court une députation de l'assemblée envoyée à Poissy pour sauver un citoyen. —Le président du grand conseil vient féliciter l'assemblée. —Lally Tollendal propose une proclamation pour inviter les bons citoyens au retour de l'ordre. — Appuyé par Dupont de Nemours et Toulongeon. — Opposition de Defermont et de Robespierre. Lettre de Lafayette.
On commence la démolition de la Bastille.

21 *Ass. nat.* Adresse de Lyon à l'assemblée.—M. de Bonnay remplace M. de Damas. — Députation de Saint-Germain. Cette ville demande des secours contre la disette, et s'excuse du meurtre de Sauvage.
* Le général Suwarow, réuni au prince de Cobourg, bat les Turcs à Foksany en Moldavie.

22 Massacre de Foulon et de Berthier.

23 *Ass. nat.* Adresse de félicitations. —Plusieurs villes demandent des secours contre les brigands. —Députation du parlement, de la chambre des comptes et de la cour des aides. — Motion de Lally-Tollendal. —Discours de Mirabeau. — Camus. — Gouy d'Arcy. — Desmeuniers. — Malouet.—Grégoire.—Volney.—Barnave.
Séance du soir. Adoption du projet de Lally.
Arrestation de M. Castelnau.

24 *Ass. nat.* Adresse de félicitations.—Discussion de plusieurs élections.—Dubois-Crancé.

25 *Ass. nat.* Lecture d'adresses. — Discussion sur l'ouverture des let-

tres adressées au comte d'Artois par M. Castelnau, ambassadeur de Genève.—L'évêque de Langres, Duport et Mirabeau, réclament l'inviolabilité du secret des lettres.—Perfidie de M. de Memmey, seigneur de Quincey. — Sur la motion de M. de Serrent, on renvoie au roi la poursuite de ce crime.

Installation du corps municipal de Paris, formé de 120 membres. Deux élus par chaque district.

26 Paris commence à éprouver la disette.

Cocarde tricolore proposée par Lafayette. Il prédit qu'elle fera le tour du monde.

27 *Ass. nat.* Adresses.—Lettre de M. Necker.—Suite de la discussion sur les lettres de Baran et Castelnau.—Lettre de Castelnau à l'assemblée.—Robespierre vote pour l'ouverture des lettres.—L'assemblée déclare qu'il n'y a pas lieu à délibérer.—Arrestations de l'abbé Calonne à Nogent; de l'abbé Maury à Péronne.—Examen des déclarations des droits de Sieyès et Mounier.—Discussion sur la permanence du corps législatif et sa composition.—Analyse des cahiers des bailliages sur les principes de la constitution, par Clermont-Tonnerre.—Lettre de l'Ambassadeur d'Angleterre.

28 Retour de M. Necker à Paris.

Ass. nat. Adresses.—L'assemblée accepte une garde d'honneur.—Duport dénonce une conspiration contre la chose publique, et demande qu'une commission soit chargée d'en recueillir les preuves.—Rewbell appuie, et demande l'examen des lettres de M. Castelnau. — Gouy d'Arcy, Castellane, Chapelier, pour.—Boufflers, Virieu, contre.

30 M. Necker se rend à l'hôtel de ville pour proposer une amnistie. Il obtient des électeurs un arrêté conforme à ses vues, et la liberté de M. Besenval; mais dès le soir les électeurs interprètent leur arrêté en disant qu'ils n'ont pas entendu parler de ceux qui étaient ou seraient prévenus du crime de lèse-nation. Besenval n'est pas relâché.

Ass. nat. Discussion de la déclaration des droits dans les bureaux. Séance du soir. Les voitures du prince de Lambale arrêtées à Dreux.—Formation des comités de rapport et d'information.

31 *Ass. nat.* Discussion sur la conduite de M. Necker à l'assemblée des électeurs.—Lally.—Target. — Mounier.—Camus. — Mirabeau demande la dissolution de l'assemblée des électeurs.—Volney. —Rewbell.—Robespierre.—Bouche.—Pétion.—Députation de la municipalité de Paris, ayant Bailly à sa tête.—Barnave.—L'assemblée ordonne que M. de Besenval sera mis en lieu, sûr et sous une garde suffisante, dans la ville la plus proche du lieu où il a été arrêté.

Août

1 *Ass. nat.* Adresses.—Le duc de Lavauguyon arrêté au Havre.—Discussion sur la réception des députations.—Décret sur la proposition de Pison du Galland, qu'il n'en sera plus reçu passé le 8

—Discussion de la déclaration des droits.—Durand de Maillane.
—Crénière.—Mathieu de Montmorency.—Target.—Castellane.
—Grandin, Lévis, les évêques d'Auxerre et de Langres, Ma-
louet, Landine, parlent sur l'inutilité de cette déclaration. —
Barnave.

Les canons de Chantilly amenés à Paris.

Banqueroute du sieur Pinel.

Le maire de Saint-Denis est massacré.

3 M. l'archevêque de Bordeaux, député à l'assemblée nationale,
garde des sceaux à la place de M. de Barentin. M. de la Tour du
Pin, aussi député, est ministre de la guerre au lieu de M. de
Puységur. M. le comte de Saint-Priest, ministre de la maison
du roi, remplace M. de Villedeuil.

Ass. nat. Touret élu président.—Murmures contre ce choix. Il refuse.—Adresses.—Bouche veut qu'on réduise tous les discours à
cinq minutes.—Target.—Clermont-Tonnerre.—Pétion demande
qu'on inscrive sur deux listes les orateurs, pour et contre, et qu'ils
parlent alternativement.—Rabaut Saint-Étienne.—Grégoire présente des lettres anonymes.—Refus de les entendre.—Discussion sur la déclaration des droits. — Desmeuniers.—Biauzat.—
D'Entragues.—Custines.—Virieu.—Hardy.

Séance du soir. Chapelier, président. — Rapport de Salomon sur
les troubles.—Grégoire réclame contre les persécutions dont les
juifs d'Alsace sont l'objet.—Discours de Malouet sur la situation
des finances et du commerce.

4 *Ass. nat.* Suite de la déclaration des droits.—Lettre du roi annonçant le changement de ministres.

Séance de nuit. Sur la motion du vicomte de Noailles, appuyée
par le duc d'Aiguillon, Leguen de Kérengal, le marquis de Foucault, le vicomte de Beauharnais, les évêques de Nancy, de
Chartres, Saint-Fargeau, le duc du Châtelet, les évêques d'U-
zès, de Nîmes, de Montpellier, de Coutances; Latour-Maubourg, Destourmel, Lameth, etc., l'assemblée nationale abolit,
avec les droits féodaux et les justices seigneuriales, tous privilè-
ges, franchises ou immunités de pays d'état, de villes, de communautés, d'individus. Suppression de la vénalité des charges
de justice. Les dîmes et redevances féodales sont déclarées ra-
chetables. On reconnaît que tous les Français sont également ad-
missibles aux emplois civils et militaires. On décrète la révision
des pensions. M. Lally-Tollendal fait la motion de proclamer
Louis XVI *restaurateur de la liberté française.* Adopté.

5 *Ass. nat.* Rapport de d'Entragues sur les entraves apportées à la
circulation des grains. Discussion sur le procès verbal de la
séance du 4.

6 *Ass. nat.* Discussion sur la rédaction définitive des articles arrêtés
dans la nuit du 4. Observations des membres du clergé.

Août.

Séance du soir. **Entrées de la chambre du roi accordées au président de l'assemblée.** Suite de la discussion.

On saisit un bateau chargé de poudre.

Démission du sieur Maissemy, directeur de la librairie.

7 *Ass. nat.* Suite de la discussion des articles du 4.—Les ministres viennent à l'assemblée.—Discours de l'archevêque de Bordeaux. —M. Necker demande un emprunt.—Clermont-Tonnerre demande que l'emprunt soit voté par acclamation. — Foucault.— Camus.—Bouche.—Lally.—Mirabeau.

8 *Ass. nat.* Discussion sur les articles du 4 et sur l'emprunt. Il est accordé et porté à 30 millions.

9 *Ass. nat.* Discussion sur la forme de l'emprunt. Enfin il est décrété création d'un emprunt de 30 millions, à quatre et demi pour cent, sans retenue.

Fête pour la bénédiction des drapeaux de la garde nationale dans plusieurs districts.

10 *Ass. nat.* Discussion sur les moyens de remedier aux troubles. Les troupes devront prêter serment aux magistrats civils. Suite de la discussion sur les articles du 4.—Le marquis de Thiboutot demande la conservation des droits féodaux. Discussion sur la dîme. Arnoult, Dupont, Chasset, Mirabeau, pour la suppression.— Lanjuinais, l'évêque de Langres, celui de Perpignan pour le rachat.

Séance du soir. Suite de la discussion sur les dîmes.

11 *Ass. nat.* Suite et fin de la discussion sur les dîmes. Elles sont abolies sans rachat. Sur la pluralité des bénéfices.

Séance du soir. Réclamation des banquiers en faveur des annates. —Rédaction définitive de l'arrêté pour la suppression du régime féodal. Proclamation du roi qui supprime les capitaineries.

12 L'emprunt décrété le 9, sanctionné par le roi. Adresse du roi au peuple.

Ass. nat. Gaillon propose l'abolition du droit d'aînesse.—Formation d'un comité de trente-quatre membres pour la liquidation des droits féodaux et des rentes foncières. M. le duc de Liancourt fait la motion d'accorder un traitement aux députés. Il est arrêté dans les bureaux que le traitement de chaque député sera de 18 fr. par jour.

13 *Ass. nat.* Rapport de M. de Boufflers sur les poursuites exercées par le parlement de Rouen contre le procureur du roi de Falaise, qui a demandé la suppression de la vénalité des charges. — Regnault de Saint-Jean-d'Angely.—Discussion sur la réorganisation de l'armée. L'assemblée se rend chez le roi pour assister au *Te Deum* en mémoire de la nuit du 4. M. Le Chapelier, président, lui adresse la parole. Réponse du roi, qui accepte le titre de *restaurateur de la liberté française.*

Séance du soir. Formation du nouveau comité de constitution.

Le fils de M. Lafayette, âgé de dix ans, sous-lieutenant de la garde nationale dans le district de Sorbonne.

août

14 *Ass. nat.* Discussion sur le travail de la constitution. Camus, nommé
archiviste.

15 Serment des Suisses sur la place de Grève,

17 *Ass. nat.* Le comte de Clermont-Tonnerre élu président. — Ordonnance du roi pour l'exécution du décret du 10. Mirabeau, au
nom du comité des cinq, propose une déclaration des droits.
— Rapport de Bergasse sur les travaux du comité de constitution. — Organisation des tribunaux.

Admission des étudiants dans la garde nationale.

18 * Révolution à Liége. Le prince-évêque est obligé de quitter son
siége. Le prince Ferdinand de Rosas, archevêque de Cambrai,
est mis à la tête du nouveau gouvernement.

Ass. nat. Discussion sur la déclaration des droits. — Mirabeau. —
Cazalès arrêté à Caussade. — Daguesseau. — Dufresne nommé, par
le roi membre du comité contentieux.

Querelles dans la garnison de Paris entre les gardes-françaises, les
Suisses et les dragons, d'un côté ; les soldats de Vintimille et de
Provence, de l'autre.

Service funèbre pour les victimes de la prise de la Bastille, à Saint-Germain
l'Auxerrois.

Attroupement des garçons tailleurs au Louvre, et des garçons perruquiers aux
Champs-Elysées.

19 *Ass. nat.* Suite de la discussion sur la déclaration des droits. Lally
Tollendal expose les avantages de la formation de deux chambres. Projet d'une médaille sur la nuit du 4 août.

Séance du soir. Motion de Mirabeau sur le crédit national.

Mandement de l'archevêque de Paris, et *Te Deum* pour le retour
de M. Necker.

20 *Ass. nat.* Le marquis de Montesson donne sa démission. Il est rem-
placé par M. de Praslin. — Discussion sur la déclaration des droits.
Le préambule et les premiers articles sont décrétés.

21 *Ass. nat.* Suite de la discussion sur la déclaration des droits.

Commencement de la disette à Paris. Les habitants rationnés chez le
boulanger.

22 *Ass. nat.* Discussion sur la responsabilité des agents du pouvoir. —
Mirabeau. — Le duc du Châtelet. — Gouy d'Arcy. — Discussion
sur la liberté des cultes. — Laborde — Mirabeau.

Séance du soir. Rapport de Regnault d'Angely sur l'affaire du
procureur du roi de Falaise.

23 *Ass. nat.* Après de vives discussions dans lesquelles on entend Pétion, Bouche, l'abbé Eyriès, le vicomte de Mirabeau, Clermont-
mont-Lodève, Talleyrand-Périgord, Castelane, Mirabeau, Rabaut Saint-Étienne, l'assemblée décrète que nul homme ne doit
être inquiété dans ses opinions, même religieuses ; pourvu que
leur manifestation ne trouble pas l'ordre public établi par la
loi.

Séance du soir. Vive et orageuse discussion sur l'affaire du procu-

reur du roi de Falaise.—L'abbé Maury. Mirabeau.—L'assemblée déclare la procédure de Rouen nulle et attentatoire à la souveraineté nationale.—Démission de Bussy.—Députation au roi
pour la Saint-Louis.

24 *Ass. nat.* Discussion sur la liberté de la presse.—Levis Larochefoucault. Rabaut Saint-Etienne. Barrère. Robespierre. Mirabeau.
—L'assemblée reconnaît la liberté indéfinie de la presse comme
un des droits inaliénables de l'homme.

(*S. du soir.*) Affaire de François de Neufchâteau, électeur,
livré à la maréchaussée par le lieutenant de roi Tassin.—Adoption d'une adresse au roi pour sa fête.

La disette augmente à Paris. Troubles pour le pain.

26 *Ass. nat.* Discussion sur la contribution. — Diverses définitions de
ce mot.—Discussion sur la responsabilité des agens du pouvoir.
Sur le droit de propriété. — L'assemblée refuse de délibérer
sur une proposition de M. de Montmorency, sur le droit qu'a la
nation de réviser sa constitution.

Justification du marquis de Lasalle dans l'affaire des poudres.

27 *Ass. nat.* Démission de Dulneau de Verdun.—Mémoire de Necker
sur les finances. Il demande un emprunt. — Mirabeau appuie et
l'assemblée déclare l'emprunt de 3o millions fermé, et en ouvre
un autre de 8o millions, moitié en argent et moitié en effets, dont
elle laisse le mode au pouvoir exécutif.

(*S. du soir.*) Abbadie remplace M. le comte de Ségur.—Ouvrage
de Roland, *le Financier patriote.*

28 Le roi règle le mode de l'emprunt, et fixe l'intérêt à 5 p. 100.

Ass. nat. Rapport de Mounier sur la constitution. — Vive discussion sur la fixation de l'autorité du roi.—Sur la définition du mot
monarchie.—Motion incidente de Robespierre, appuyée par Mirabeau, qui propose de garantir la liberté des opinions, dans
une matière aussi importante, par quelques articles additionnels
au règlement.

(*S. du soir.*) Démission du duc de Luxembourg.

L'ouvrage de Mounier, *Considérations sur les gouvernemens*, est le
signal de divisions dans l'assemblée.

29 *Ass. nat.* Suite de la discussion sur la définition du gouvernement,
sur le *veto* et la sanction royale.

(*S. du soir.*) Décret sur la circulation des grains.

Trois mille Savoyards s'assemblent dans la cour du Louvre; ils sont
dispersés par la garde nationale.

3o Mouvemens dans Paris au sujet de la discussion du *veto.*—Saint-
Hurugues nommé par le café de Foi pour conduire une députation
chargée de signifier aux partisans du *veto* le vœu de leur rappel.—
Départ de cette députation escortée de quinze cents citoyens. La
garde nationale l'empêche de passer.

31 *Ass. nat.* M. de la Luzerne, évêque de Langres, sixième président.—Un

membre annonce à l'assemblée la fermentation qui règne au Palais-Royal.—Lettres anonymes qui menacent d'*éclairer* les châteaux de tous les partisans du *veto*. Après une courte discussion, l'assemblée déclare qu'il n'y a pas lieu à délibérer.—Rapport de Mounier, au nom du comité de constitution, sur l'organisation du pouvoir législatif.

(*S. du soir.*) Il y avait presque tous les soirs des séances, mais on y discutait généralement des objets d'un moindre intérêt. Discussion sur les attributions du comité des finances.

Arrestation de Saint-Hurugues et de Tintot. Ils sont traduits au châtelet.

Septembre

1er Ordonnance du roi qui supprime le régiment des gardes françaises.
Ass. nat. Un soldat de 95 ans abandonne une pension de 300 fr.— Suite de la discussion de la fonction royale.—Discours de Mirabeau.

2 *Ass. nat.* Suite de la discussion sur le *veto*. D'Entraigues. Treilhard. Beaumetz. Barnave. Target.
(*S. du soir.*) Formation d'un comité de commerce et d'agriculture.

3 *Ass. nat.* Suite de la discussion sur le *veto*. L'abbé Maury.
(*S. du soir.*) Pétition des Suisses.—Mirabeau demande qu'on ne puisse entrer dans les tribunes qu'avec des billets.—Rejeté.

4 *Ass. nat.* Rapport de Mounier sur le comité de constitution.—Desèze. De Salle. Desmeuniers. Rabaut Saint-Etienne. Dupont de Nemours. Mirabeau. Clermont-Tonnerre.

Les garçons cordonniers excluent du royaume quiconque fabriquera une paire de souliers au-dessous du prix arrêté.

5 *Ass. nat.* Suite de la discussion de la veille.
(*S. du soir,*) Mise en liberté de M. de Lasalle.

7 *Ass. nat.* Suite de la discussion du pouvoir législatif. Dangevilliers. Virieu. Malouet Sieyes.—Députation des femmes artistes qui viennent offrir leurs bijoux. Bouche porte la parole en leur nom: ce sont mesdames Moitte, Vien, Lagrenée, Suvée, Berruer, David, Duvivier, Belle, Vestier, Fragonard, Vernet, Desmarteaux, Beauvarlet, Cornecerf; Mlles Vassé de Bonrecueil, Vestier, Gérard, Pithoud, de Viefville, Hotemps.

8 *Ass. nat.* Suite de la discussion.—L'assemblée déclare sa permanence.

9 *Ass. nat.* Suite de la discussion sur les deux chambres. — Discussion orageuse. Le comte de Virieu jure contre les démagogues.—L'évêque de Langres, qui se trouve offensé, donne sa démission de président.
(*S. du soir.*) L'assemblée refuse la démission de son président.— Discussion sur la gabelle.

10 *Ass. nat.* Démission de l'évêque de Poitiers.—Discussion sur un arrêté de la ville de Rennes, qui déclare ennemis de la patrie ceux qui voteraient pour le *veto*.—Suite de la discussion sur les deux

chambres. Sur 1050 votans, une majorité de 889 a décidé en faveur d'une chambre.

(*S. du soir.*) La commune de Paris demande que l'instruction des procès criminels soit publique, et que la condamnation n'ait lieu qu'aux deux tiers des voix.

11 *Ass. nat.* Don patriotique des officiers et soldats du régiment de Touraine.—M. Necker envoie à l'assemblée, au nom du roi, un rapport sur le *veto* absolu et sur le *veto* suspensif. L'assemblée refuse d'entendre la lecture de ce rapport.—Longue et vive discussion. Il est décidé, à l'appel nominal, que le *veto* sera suspensif.

12 *Ass. nat.* Le cardinal de Rohan se présente à l'assemblée.—Discussion sur le renouvellement des assemblées législatives.—Décret qui fixe à deux ans la durée de chaque législature.

*Lés Autrichiens mettent le siége devant Belgrade.

14 *Ass. nat.* M. le comte de Clermont-Tonnerre, président pour la seconde fois. (7° président.) — Suite de la discussion sur le *veto*. — Les arrêtés du 4 juin seront-ils soumis à la sanction royale ?

(*S. du soir.*) L'évêque de Bozes donne sa démission.

Inquiétude dans Paris sur les subsistances.

Différens entre les bouchers et les marcandiers.

15 *Ass. nat.* Thouret. Sieyes. Target. Talleyrand. Desmeuniers. Rabaud Saint-Etienne. Tronchet. Chapelier. — L'assemblée décrète l'hérédité de la couronne et l'inviolabilité de la personne du roi.—Arnoult propose de décréter l'exclusion de la branche d'Espagne au trône.—Vive discussion.—La proposition est retirée.— Observations de Mirabeau sur la régence.—Rewbell ramène la discussion sur la branche d'Espagne.—Débats sans résultat.

(*S. du soir.*) Rapport de la commission sur les grains.

16 *Ass. nat.* Suite de la discussion sur l'hérédité. Cazalès.—Débats prolongés.

(*S. du soir.*) Projet du comité de finances sur les gabelles.— Le baron de Veins propose un impôt du 50eme des fortunes.— Toussaint Virey demande que le temps du traitement des députés soit fixé à six mois.

Une jeune fille fait découvrir un convoi de blé.

17 *Ass. nat.* Suite de la discussion sur l'hérédité.

(*S. du soir.*) Sur le paiement des impositions.

Ass. nat. Motion du comte de Noaille sur la constitution de l'armée.—Réponse approbative du roi, mais avec des observations sur les articles du 4 août.—Discussion sur cette sanction qui paraît vague.

19 *Ass. nat.* Suite de la discussion sur la sanction des articles du 4. Le président se retire vers le roi.—Discussion sur les finances.

20 Le roi sanctionne les articles du 4 août et le décret sur les grains.

Arrêt du conseil du roi qui autorise les directeurs des monnaies à recevoir la vaisselle que chacun est invité à porter aux hôtels des monnaies.

Ass. nat. Des volontaires de Rouen escortent les convois de farine destinés pour Paris. — MM. Potey, Durand, Chesnard et Duvivier, officiers de la garde nationale de Chartres, amènent 500 sacs de farine. Ils en promettent autant toutes les semaines. — Spectacle demandés pour eux, afin que le peuple puisse les voir.

21 *Ass. nat.* Le roi annonce sa sanction au décret du 4 août et à celui sur les grains. — La garde nationale de Versailles demande un secours de troupes de ligne. Ordre du jour. — Discussion sur la durée du *veto* suspensif.

(*S. du soir.*) Dons patriotiques. — Gabelles. — Défenses de faire des saisies domiciliaires pour cet impôt.

22 *Le général Suwarow et le prince de Cobourg gagnent sur les Turcs la bataille de Martinestic; toute la Moldavie tombe au pouvoir des Russes.

Ass. nat. Le roi a fait porter son argenterie à la monnaie. — Discussion. — Le président va supplier le roi de garder sa vaisselle. (Le roi ne la garda pas, et la fit vendre à son profit.) — Discussion sur la constitution. — Définition du gouvernement monarchique. — De la loi.

(*S. du soir.*) Affaire de Lariès, que le peuple a voulu pendre à Aurillac. — Discussion sur les finances. — Décret qui ordonne l'impression de la liste des pensions.

23 *Ass. nat.* Démission de Mougins du Roquefort. — Discussion sur la constitution. — Pouvoir exécutif. — Pouvoir législatif. — Pouvoir judiciaire.

(*S. du soir.*) Décret sur les gabelles, qui fixe le prix du sel à 6 sous. — Dillon remplace Regnaud.

Arrivée du régiment de Flandre à Versailles avec des munitions.

24 *Ass. nat.* Le duc de Charost fait un don de 100,000 fr. — Rapport de Necker sur l'état des finances.

(*S. du soir.*) Palissot, dans une pétition présentée à l'assemblée, dédie à la nation les œuvres de Voltaire.

25 *Ass. nat.* Le clergé réclame contre la dédicace des œuvres de Voltaire. L'abbé Grégoire et l'archevêque de Paris demandent que cette dédicace ne soit pas acceptée avant de savoir si cette édition sera purgée d'impuretés. — Sur la proposition du duc de Lévis, l'assemblée décide, par un décret, qu'elle n'acceptera aucune dédicace. — Projet de décret pour le paiement des impositions.

26 *Ass. nat.* Les comédiens français offrent 23,000 liv. — Rapport du marquis de Montesquiou sur les finances. Vive et longue discussion. On propose de s'emparer de l'argenterie des églises. À la fin, Mirabeau fait adopter de confiance le plan du ministre.

27 Bénédiction solennelle de tous les drapeaux de la garde nationale à Notre-Dame.

Septembre

28 *Ass. nat.* M. Mounier, 8ᵉ président. Merlin de Douai offre 10,000 fr.
à prendre sur ses appointemens de secrétaire du roi.—Offre des
religieux de Saint-Martin-des-Champs.—Démission de Laborde,
curé de Corneillan.—Abolition du droit de franc fief.

(*S. du soir.*) Baudouin propose d'imprimer *gratis* la liste des
pensions.—Clermont-Tonnerre demande qu'on rende les droits
civils aux Juifs.—Le clergé essaie de faire rejeter la mesure de la
saisie de l'argenterie des églises.

Les journaux peuvent paraître sans autorisation.

Ass. nat. Discussion sur les biens du clergé.—Rapport de Thouret.
—Projet d'une nouvelle division du territoire en départemens.—
Discussion sur la responsabilité des ministres.

(*S. du soir.*) Dons patriotiques. Les deux brigades du corps
des colonies en garnison à Lorient, commandées par le chevalier de Senneville, donnent 12,000 fr.—Décret sur l'argenterie
des églises.—Rapport de Beaumetz sur la jurisprudence criminelle.—Proposition de supprimer la torture préalable.

30 *Ass. nat.* Discussion sur la constitution.—Pouvoir du roi.—Création d'offices ou de charges.

Octobre

1ᵉʳ Les gardes du corps donnent une fête aux officiers du régiment de
Flandre, dans la salle de l'Opéra, à Versailles. Les grenadiers
du régiment de Flandre, des fusiliers et des chasseurs des trois
évêchés, sont admis dans la salle, et portent la santé du roi. La
santé de la nation est refusée, disent quelques auteurs. La cocarde nationale est insultée, et l'exaltation des convives est ac-
crue par l'apparition du roi et de la reine portant le dauphin
dans ses bras. Tous les officiers se lèvent, tirent leurs épées,
portent la santé du roi, de la reine et du dauphin, qui l'acceptent
et se retirent. Après leur départ, la fête devient plus bruyante ;
l'ivresse s'empare de toutes les têtes. L'orgie et le désordre sont
au comble. Un chasseur des trois évêchés se tue, dit-on, devant
des gardes du corps ; d'autres disent que ses camarades le tuè-
rent à coups de pied. La nouvelle de ce qui s'était passé excite
la plus grande indignation à Paris et à Versailles.

On refuse l'entrée des appartemens de la reine à un chevalier de
Saint-Louis revêtu de l'habit de garde national.

Ass. nat. Les libraires de Paris offrent un don patriotique.—Discussion sur la constitution.—Consentement des impôts.—Papier-
monnaie.—M. Necker vient remercier l'assemblée de la confiance
qu'elle lui a montrée.—Projet d'un nouveau décret.—Discussion.

(*S. du soir.*) Discussion sur le refus du comité des finances
d'imprimer la liste des pensions.—Etablissement d'un comité militaire sur la motion de Wimpfen.

2 Les gardes du corps répètent le lendemain l'orgie de la veille,
dans la salle du manége. Des femmes attachées à la cour distri-

buent des cocardes blanches.—Carousieres, chevalier de Saint-
Louis, insulte et provoque Lecointre, lieutenant-colonel de la
garde nationale de Versailles.

Ass. nat. Rédaction des décrets sur les finances.—Divers articles
de la constitution et de la déclaration des droits portés à la sanction du roi.

(*S. du soir.*) Création d'un comité des domaines.

Marat, auteur du journal intitulé *l'Ami du Peuple*, est dénoncé
par les représentans de la commune de Paris.

Ass. nat. Formation du comité militaire.—Discussion sur le prêt
intérêt.—Projet d'adresse à la nation.—Dons patriotiques. Une
fille publique de Paris offre à l'assemblée nationale un don patriotique accompagné d'une lettre conçue en ces termes : « Mes-
» seigneurs, j'ai un cœur pour aimer; j'ai amassé quelque chose
» en aimant : j'en fais entre vos mains l'hommage à la patrie.
» Puisse mon exemple être imité par mes compagnes de tous
» les rangs! » Mention honorable.

4 Un grand nombre de cocardes noires sont arborées dans Paris.
Tassin, volontaire de la garde nationale, en arrache une et la
foule aux pieds. Les porteurs de ces cocardes sont poursuivis,
menacés de la lanterne. La fermentation augmente.

5 L'insurrection populaire prend à Paris un caractère décidé; dès le
matin, un grand nombre de femmes, parmi lesquelles, dit-on,
on reconnut plusieurs hommes déguisés, se portent à l'hôtel de
ville.—Le peuple veut pendre un boulanger accusé de vendre
avec de faux poids.—Gouvion, major-général de la garde nationale, parvient avec peine à le sauver.—Maillard, l'un des vainqueurs de la Bastille, vient à bout d'engager les femmes à se retirer de l'hôtel de ville, auquel elles allaient mettre le feu, et à
se porter à Versailles. Elles partent au nombre de sept à huit
mille, avec des canons, emmenant tout ce qu'elles rencontrent
sur leur passage.—Lafayette, qui veut d'abord contenir le mouvement, est bientôt forcé lui-même de partir pour Versailles
avec la garde nationale; cependant il ne part que sur l'autorisation de la commune.—Les femmes arrivent à Versailles, entrent
à l'assemblée, et de là douze montent avec Mounier chez le roi.
Cependant la fureur de la multitude augmente; une rixe s'engage avec les gardes du corps. Les auteurs varient beaucoup sur
ceux qui l'ont commencée. Des gardes du corps, des femmes,
des gardes nationales, sont blessés. Lafayette arrive vers dix heures du soir avec la garde nationale de Paris, et tout paraît tran-
quillisé jusqu'au milieu de la nuit.

Ass. nat. Réponse du roi sur la sanction des divers décrets qu'on
lui a présentés.—Robespierre s'élève contre le pouvoir que le roi
usurpe dans cette réponse.—Observation sur ce que la lettre du
roi n'est pas contre-signée par un ministre.—Pétion dénonce les

orgies des gardes du corps. Mirabeau. Maury.—Les femmes de Paris, Maillard à leur tête, sont introduites dans l'assemblée. —Scènes tumultueuses.—Le président se rend chez le roi.—Le roi donne sa sanction pure et simple aux décrets de la constitution.—Il déclare qu'il n'a jamais eu la volonté de s'éloigner.—L'assemblée reprend la discussion du code criminel.—Murmures des femmes qui occupent la salle. Mirabeau : « Sans doute les » amis de la liberté ne viennent pas ici pour gêner la liberté de » l'assemblée. » Les femmes applaudissent et se taisent.

Ass. nat. A trois heures du matin, Mounier, sur l'assurance positive de Lafayette que tout est tranquille, et qu'il répond de tout, lève la séance.

Vers six heures, la multitude se rassemble sur la place d'armes. Une partie pénètre dans le château par la grille de la chapelle, qu'elle trouve ouverte.—Des brigands veulent forcer l'appartement de la reine et l'œil de bœuf.—La reine n'a que le temps de se sauver en déshabillé. Des gardes du corps sont massacrés. Enfin, le roi consent à se rendre à Paris; il y arrive le soir après une marche longue et dangereuse.—Bailly le harangue à la barrière, et lui dit : « Henri IV autrefois avait conquis son peuple ; » le peuple aujourd'hui a conquis son roi. » (Il n'entre pas dans le plan de cet ouvrage de donner tous les détails de ces fameuses journées des 5 et 6 octobre 1789; mais nous ne pouvons taire que beaucoup d'auteurs les attribuent au duc d'Orléans et à Mirabeau.)

Ass. nat. Il est onze heures du matin; on envoie une députation au château.—Décret rendu sur la proposition de Mirabeau, appuyé par Barnave, que l'assemblée est inséparable du roi pendant la session.—Target annonce que le roi va se rendre à Paris.—Nomination d'une députation pour l'accompagner.—On discute le projet de finances.—Décret portant qu'il sera levé une contribution patriotique sur le quart du revenu de toutes les propriétés.

(*S. du soir.*) Laborde, démissionnaire, rentre à l'assemblée. —Etablissement d'un comité de marine.

Formation à Paris du club des Amis de la Constitution, plus tard celui des Jacobins.

*Le maréchal Laudon s'empare de Belgrade sur les Turcs. Le prince de Cobourg se rend maître de Bucharest, capitale de la Valachie.

7. *Ass. nat.* Discussion sur la répartition et la durée de l'impôt. Le renouvellement annuel est décrété.

8 *Ass. nat.* Mounier se démet de la présidence.—Chapelier prend le fauteuil.—Démission de Dourthe, député de Sedan.— Grégoire expose le danger dont les ecclésiastiques sont menacés dans Paris. —Mirabeau témoigne des doutes sur la liberté de l'assemblée dans Paris.—Discussion sur la sanction et la promulgation des lois.

A cette époque, plusieurs députés quittent l'assemblée et la France; parmi eux on remarque Mounier, Lally, Bergasse.

*Prise de Belgrade par le maréchal Laudon.

9 *Ass. nat.* Discussion sur les passeports.—Lettre du roi annonçant qu'il a fixé son séjour à Paris, et invite l'assemblée à nommer des commissaires pour s'y choisir un local.

10 *Ass. nat.* Guillotin propose de détruire le préjugé d'infamie attaché à la famille des condamnés, et de décapiter les condamnés à mort.—Suite de la discussion sur la publication des lois.—Mirabeau dénonce le comte de Saint-Priest envoyant le peuple demander du pain à ses 1200 rois.—Custine demande une loi martiale.—Rapport de Talleyrand sur la vente des biens du clergé.

(*S. du soir.*) Plusieurs membres demandent des passeports.—Députation de la commune de Paris.—Fréteau nommé président.—Le comité municipal de Metz fait l'éloge de Bouillé.—Lettre de Saint-Priest niant le propos dénoncé par Mirabeau.

12 *Ass. nat.* M. Fréteau, 9e président.—Discussion sur le titre de *roi des Français*, à propos de la demande de la Navarre d'être réunie à la France.—Réclamations de Marat au sujet des poursuites dirigées contre lui.

(*S. du soir.*) Sur les lettres de cachet.

13 *Ass. nat.* Discussion sur les biens du clergé.

14 *Ass. nat.* Passeport accordé au duc d'Orléans. — Mirabeau offre un travail sur les attroupemens. — Discussion sur Besenval, renvoyé au châtelet, auquel on attribue la connaissance des crimes de lèse-nation. — Introduction d'une députation des Juifs lorrains.

Le duc d'Orléans, regardé comme le principal moteur des événemens des 5 et 6 octobre, part pour l'Angleterre, paraissant chargé d'une mission de confiance. On prétend que ce fut le général Lafayette qui força le prince à cette espèce d'exil.

15 *Ass. nat.* Discussion sur les passeports. — La distinction des costumes des ordres est annulée. Rapport sur un mandement de l'évêque de Tréguier-le-Mintier.

19 *Ass. nat.* L'assemblée nationale tient sa 1re séance à Paris, dans les salles de l'archevêché. — Introduction d'une députation de la commune de Paris, conduite par MM. Bailly et Lafayette. Mirabeau fait voter des remercîmens au maire de Paris et au général commandant la garde nationale. On vote aussi des remercîmens à la garde nationale. — Discussion sur la division du territoire.

(*S. du soir.*) Détails d'une députation chez le roi et la reine.

20 *Ass. nat.* Le garde des sceaux est mandé pour rendre compte de sa conduite. — Discussion sur les conditions d'éligibilité.

Un boulanger, nommé François, est pendu par la multitude, malgré les efforts de Guillot de Blancheville, de Menou fils et Garan de Coulon, pour le sauver. — Liancourt porte des secours à sa veuve de la part du roi.

21 *Ass. nat.* Lettre de la municipalité d'Alençon sur l'arrestation de M. de Caraman. — Députation de la commune de Paris, qui rend compte de l'émeute du matin et demande une loi martiale. — Discussion et texte de la loi.

Arrêté des représentans de ia commune de Paris portant établissement du comité des recherches. Il est composé de six membres : Agier, Oudart, Perron, Lacretelle aîné, Garran de Coulon, et Brissot.

22 *Ass. nat.* Discussion sur le départ duc d'Orléans. — Suite de celle sur l'éligibilité.

Mandement de l'évêque de Tréguier contre les mesures de l'assemblée nationale.

Blin, fort du port au bled, assassin de François, boulanger du Marché-Palu, est condamné à être pendu.

23 *Ass. nat.* Un vieillard du Mont-Jura, âgé de 128 ans, est présenté à l'assemblée.— Discussion sur les biens ecclésiastiques.

24 *Ass. nat.* Laborde - Méreville met 50,000 francs à la disposition du comité des recherches pour poursuivre les conspirateurs.—Discussion sur les biens du clergé et l'approvisionnement de la capitale.

Un corps d'insurgés belges s'empare de Turnhout, dans le Brabant.

26 *Ass. nat.* Discussion sur la convocation extraordinaire d'états en Dauphiné. Décret qui surseoit à toute convocation de province ou d'états.

27 *Ass. nat.* Le président rend compte de l'arrestation du député Marsanne, à Montelimart. — Suite de la discussion sur l'éligibilité. Des habitans du district de Saint-Martin-des-Champs protestent contre la loi martiale.

28 *Ass. nat.* M. Camus, 10ᵉ président.—Discussion sur l'éligibilité. Enfans des faillis.—Suspension momentanée des vœux monastiques.

Émeute à Vernon, contre un nommé Planter, chargé des approvisionnemens de Paris.

Arrestation de M. Augeard, fermier-général, garde des sceaux de la reine.

29 *Ass. nat.* Suite de la discussion sur l'éligibilité. Contribution que doivent payer les représentans.

La commune de Paris décerne une couronne civique et une épée à Neshem, jeune Anglais, qui a sauvé la vie à Planter, deux fois pendu par l'attroupement de Vernon, lors de l'insurrection dans cette ville pour la pénurie des subsistances.

30 *Ass. nat.* Discussion sur les biens du clergé. — Maury. Thouret.

Advenet, *dit* Noble-Épine, convaincu d'avoir coupé la tête du nommé François après sa mort, et de l'avoir portée au bout d'une pique, est condamné au bannissement pour neuf ans, et ce par grâce, ayant été porté à cette action horrible par la multitude.

31 *Ass. nat.* Suite de la discussion sur les biens du clergé.

Dans ce mois, troubles en Bretagne. Plusieurs villes envoient des troupes contre celle de Lannion, qui a arrêté un convoi de grains destiné pour Brest.

Novembre

2 *Ass. nat.* Suite de la discussion sur les biens du clergé. Mirabeau. — Décret qui met à l'entière disposition de la nation toutes les propriétés et tous les revenus ecclésiastiques. Les frais du culte seront à la charge de l'état : 568 pour, 348 contre.

3 *Ass. nat.* Discussion sur une nouvelle division de la France. Opinion d'Alexandre Lameth sur la suppression des parlemens. Décret qui porte que tous les parlemens du royaume resteront en vacance.

4 Insurrection à l'île de France. Le capitaine de vaisseau Macremère est massacré.

Ass. nat. Suite de la discussion sur la division en départemens. — Sanction du roi au décret sur les biens du clergé. — L'évêque de Clermont dénonce un livre intitulé *Catéchisme du genre humain.*

5 *Ass. nat.* Suite de la discussion sur la division en départemens. — Règlement de police pour la ville de Paris. — Mirabeau dénonce des procédures entamées par la cour prévôtale de Marseille. — Lapoule dénonce le parlement de Besançon. — Décret supprimant pour les élections toutes distinctions d'ordres dans l'état.

6 *Ass. nat.* Discours de Mirabeau sur le désordre des finances et la disparition du numéraire. — Discussion sur la disette et la dette publique. — Proposition de demander du blé aux États-Unis. — Sur la présence des ministres dans l'assemblée.

Une députation d'évêques demande au roi qu'il soit défendu de jouer *Charles IX.*

7 Suite de la discussion sur la présence des ministres dans l'assemblée. — Attaques contre Mirabeau. — Sur l'inventaire des biens ecclésiastiques.

9 *Ass. nat.* L'assemblée nationale siége au manège des Tuileries. — Vive discussion sur la division du territoire. — Le garde des sceaux annonce un arrêté du conseil du roi qui casse un arrêté de la chambre des vacations du parlement de Rouen,

pris le 6 du même mois, à l'occasion de l'enregistrement des lettres patentes sur le décret du 3. — Pétion demande que le parlement remercie le roi de la promptitude avec laquelle il a proscrit cet acte séditieux. — Vive discussion au sujet de la suspension de la nomination aux archevêchés et évêchés.

On vole le Saint-Sacrement à Saint-Etienne-du-Mont.

10 *Ass. nat.* Discours de Mirabeau sur la division du territoire. — Discussion sur le parlement de Rouen.

11 *Ass. nat.* Dubois, curé de Saint - André - des - Arcs à Paris, adresse une pétition à l'assemblée pour lui demander la translation des sépultures hors des villes, une nouvelle distribution des paroisses, la suppression du casuel, etc. — Suite de la discussion sur la division du royaume.

12 *Ass. nat.* M. Thouret (11ᵉ président), pour la seconde fois. Suite de la discussion sur la division du territoire. — Après une vive discussion, l'assemblée, sur la demande du roi, fait grâce aux magistrats composant la chambre des vacations du parlement de Rouen.

Tumulte au théâtre de Marseille à l'occasion d'une défense de jouer le Déserteur.

Jugement prévôtal qui condamne à la peine de mort les deux assassins de Huez, maire de la ville de Troyes.

13 *Ass. nat.* Sur les scellés à apposer aux biens ecclésiastiques. Les ecclésiastiques devront donner un état détaillé de leurs biens.

14 *Ass. nat.* M. Necker vient demander que la caisse d'escompte soit transformée en caisse nationale, et ses billets portés à 240 millions.

Première représentation au Théâtre-Français de la tragédie de Charles IX, ou le massacre de la Saint-Barthélemy, par Chénier.

16 *Ass. nat.* Discussion sur la formation des assemblées primaires. Décret qui abolit les provisions de judicature, les droits de centième denier et de mutation.

17 *Ass. nat.* Discussion sur la fixation du nombre des députés. Les électeurs se réunissent dans les chefs - lieux de département.

(*S. du soir.*) Discours sur l'affaire du parlement de Metz. — Discours de Mirabeau sur la liberté du roi et de l'assemblée.

18 *Ass. nat.* Suite de la discussion sur les élections. — Les départemens devront-ils choisir les députés dans l'étendue de leurs limites? — Rapport du marquis de Montesquiou sur les finances.

19 *Ass. nat.* Suite de la discussion sur les élections. — Nombre des administrateurs de département et de district. — Rapport du marquis de Bouthilliers sur l'enrôlement.

(*S. du soir.*) Sur la conduite des états de Cambresis.

20 *Ass. nat.* Tous les membres de l'assemblée déposent leurs boucles

d'argent. — Discours de Mirabeau contre l'établissement de la banque proposé par Necker.

21 *Ass. nat.* Comité de quatre membres pour assurer l'envoi des lois et décrets.—Lettre de Mounier donnant sa démission. (Applaudissemens.) — Suite de la discussion du projet de Necker.

(*S. du soir.*) Rapport de Goupil de Prefeln au nom du comité des recherches.

23 *Ass. nat.* M. de Boisgelin, archevêque d'Aix (12e président). — Sur les directoires de département.—Lavoisier, au nom d'une députation de la caisse d'escompte, présente la situation de cet établisssement.

24 *Ass. nat.* Sur la subordination des assemblées législatives.

25 *Ass. nat.* Sur l'organisation des municipalités. — Adresse des Amis de la liberté de Londres à l'assemblée, présentée par La Rochefaucault.

Le parlement de Metz rétracte la délibération par lui prise sur les lettres patentes relatives au décret du 3.

26 *Ass. nat.* Suite de la discussion sur les municipalités.

(*S. du soir.*) Rapport du comité des finances.

*Prise d'Ismaïlow par les Russes.

*Prise de Gand par les patriotes Belges.

27 *Ass. nat.* Sur la caisse d'escompte et les besoins des finances.

28 *Ass. nat.* Sur les finances.

Prise de Belgrade par les Russes.

Histoire des serpens, par Lacépède. (Mon.)
Vœu d'un Solitaire, par Bernardin de Saint-Pierre. (Mon.)

30 *Ass. nat.* Décret portant que la Corse sera regardée désormais comme partie intégrante de l'empire français.—Suite du projet sur l'organisation des municipalités.

Canons établis sur le Pont-Neuf.

Décembre

1er *Ass. nat.* Suite de la discussion sur les municipalités.

(*S. du soir.*) Annonce de l'insurrection des noirs à la Martinique, dont la commotion se fait sentir à la Guadeloupe et à Saint-Domingue. — Gouy d'Arcy dénonce le ministre de la marine comme auteur de la ruine des colonies.

Causes de la décadence du théâtre par Cailhava. (Mon.)

2 *Ass. nat.* Suite de la discussion sur les municipalités.—Réclamations de la Luzerne, ministre de la marine, sur les inculpations de Gouy d'Arcy.—Le marquis d'Ambly propose d'exclure de l'assemblée tout membre reconnu calomniateur.—Tumulte de trois heures dans l'assemblée.

Lettre de Lalande, relative aux observations d'Herschell sur l'anneau de Saturne.

3 *Ass. nat.* Discussion sur les conditions pour être citoyen actif.

Mort de Joseph Vernet, célèbre peintre de marine.

4 *Ass. nat.* Rapport du duc du Châtelet sur la caisse d'escompte.

Opinion de Talleyrand contre une banque nationale.

5 *Ass. nat.* Suite de la discussion de la veille.

7 *Ass. nat.* M. Fréteau, président pour la seconde fois. Discussion sur l'éligibilité.

(*S. du soir.*) Décret sur les troubles de Toulon.

8 *Ass. nat.* Sur l'incompatibilité de diverses fonctions publiques. Sur les troubles de Marseille.

Nouveaux troubles à Marseille.

9 *Ass. nat.* Sur l'organisation des administrations.

*Suwarow reçoit le titre de comte Ryminickoi, en récompense de sa victoire sur le grand visir près du fleuve de Ryminick.

10 *Ass. nat.* Suite des discussions sur la constitution.—Discours de Mirabeau proposant d'admettre la marche graduelle et progressive d'administration en administration pour les fonctionnaires publics.

(*S. du soir.*) Dénonciation de l'exportation qui se fait par les frontières.

On instruit le procès de Bezenval.

Nouvelle reçue en France de la prise de Bucharest par Cobourg.

11 *Ass. nat.* L'abbé Bonneval dénonce le *Journal de Paris.*—Sur la dégradation des forêts.

*Insurrection à Bruxelles. Retraite du comte d'Alton.

12 *Ass. nat.* Plan pour l'organisation de l'armée.

Emeute à Senlis.

14 *Ass. nat.* Lecture des 60 articles sur les municipalités. —On annonce l'événement arrivé le 12 à Senlis.—Mouvemens à Toulon.

15 *Ass. nat.* Ajournement sur la proposition de Mirabeau, relative à la gradualité dans les fonctions publiques. Le duc de Liancourt parle contre la conscription militaire. Affaire de Toulon.

(*S. du soir.*) Décret pour la répartition des impôts dans la ville de Paris.—Sur le parlement de Rennes. Rœderer demande qu'il soit mandé à la barre.

*En Angleterre, on fait un vaisseau à vapeur.

16 *Ass. nat.* Suite de la discussion sur l'organisation militaire.

Au district de Saint-Etienne-du-Mont, on demande qu'il soit permis aux prêtres de se marier.

*Prise de Bruxelles par les patriotes.

Lettre du comte Gorani à Charles Bonnet, sur les vertus cicatrisantes de l'alcali appliqué sur les plaies, découverte à Naples.

17 *Ass. nat.* Rapport de Treilhard sur la réforme des maisons religieuses. Rapport de Lecouteux-Canteleu sur tous les plans de finances envoyés au comité.

18 *Ass. nat.* La ville de Genève, par l'entremise de Tronchin et Necker, offre 900,000 fr. à la France. Discussion à ce sujet. — Discussion sur le projet du comité des finances.

*Évacuation par les impériaux des villes de Malines, de Louvain et de Namur.

19 *Ass. nat.* Lettre de Paoli remerciant l'assemblée d'avoir mis la Corse au rang des provinces françaises. — Suite de la discussion sur les finances. — Réclamation de l'abbé Montesquiou contre la vente de 400 millions de biens du clergé. —L'abbé Maury ne peut se faire entendre.—Le clergé réclame et quitte ses siéges.—Décret portant création de la caisse de l'extraordinaire, et de 400 millions d'assignats pour lesquels il sera vendu des biens du clergé.

21 *Ass. nat.* Sur l'exécution du décret de la veille.

22 M. Desmeunier, 14ᵉ président.
L'assemblée décrète qu'il n'y a plus de distinction d'ordres en France.—Le duc de Biron, commandant en Corse, demande l'agrément de l'assemblée. — Premiers titres de l'organisation judiciaire.
La municipalité de Paris assiste à Saint-Etienne-du-Mont à la cérémonie religieuse ordonnée pour réparer la profanation du Saint-Sacrement.

23 *Ass. nat.* Fédération de 69 communes du Vivarais, de la Provence et du Dauphiné.—Opinion de Clermont-Tonnerre pour l'éligibilité des juifs, des protestans et des comédiens. Maury contre, Robespierre pour.
*Assemblée à Bruxelles des états de Brabant.
Mort de l'abbé de l'Epée, instituteur des sourds-muets, à l'âge de 72 ans.

24 *Ass. nat.* Lettre des comédiens français à l'assemblée. — Maury se lève contre la licence des comédiens qui osent écrire à l'assemblée.—Rappel à l'ordre.—Suite de la discussion sur les Suisses.
(*S. du soir.*) Sur le don de la ville de Genève. Gouy d'Arcy dénonce le ministre de la marine.
Herschell, associé étranger de l'académie des sciences.
Lacroix ouvre au lycée le premier cours de droit public.

26 *Ass. nat.* Sur les finances.—Rapport de Lebrun sur la contribution patriotique.
On lit dans le Moniteur de ce jour, sous la rubrique des Pays-Bas, des conjectures sur une ligue des rois contre les peuples.
*Réclamation des princes allemands contre les décrets de l'assemblée nationale.
*Evacuation de Namur par les impériaux.
*Vandermesch annonce qu'il a coupé la retraite aux impériaux sur Luxembourg.
*Fuite de la flotte turque devant les Russes.
Monsieur, frère du roi, se rend à l'Hôtel-de-Ville de Paris; il désavoue les bruits répandus à l'égard de ses relations avec le marquis Favras, récemment arrêté comme prévenu de complots tendant à renverser les nouvelles institutions.

*Les états de Brabant proclament leur indépendance à Bruxelles.

27 Barbé-Marbois, arrivé sur la corvette l'*Ariel*, apporte quelques détails sur la situation de Saint-Domingue.

Rapport de Garan-Coulon au comité des recherches de la commune de Paris, sur la conspiration des mois de mai, juin et juillet derniers. Preuves de cette conspiration tirées des lettres de Berthier.

Adresse aux amis de la paix, par Serves, ancien avocat au parlement de Grenoble. (Mon.)

28 *Ass. nat.* Sur les fonctions des officiers municipaux.—Lettre de Monsieur, frère du roi, sur la démarche qu'il a faite à la commune.

29 *Ass. nat.* Voiture chargée d'argent arrêtée à Villeneuve-le-Roi. Discussion à ce sujet, et des nouveaux articles relatifs aux assemblées administratives.

(*S. du soir.*) L'assemblée, d'après l'avis de Mirabeau et de Maury, refuse le don de la ville de Genève.

30 *Ass. nat.* Sur la préséance dans les cérémonies publiques. — L'assemblée accepte l'hommage de la ville de Sens, qui demande à élever une pyramide où seront les noms de tous les députés.

*Annales dramatiques de Cailhava.

Première représentation sur le théâtre de la nation, d'une pièce ayant pour titre : l'Esclavage des nègres.

31 Le comité des recherches dénonce le marquis de Favras et son épouse, comme prévenus de tremper dans une conspiration tendante à enlever le roi de Paris.

*Convocation des états de Flandre et de Brabant.

*Les états du Brabant et le général Vandernoot envoient des ambassadeurs à l'assemblée nationale. On leur refuse audience pour ne pas mécontenter l'Autriche.

*Cette année, la guerre recommence entre Tippo-Saëb et les Anglais.

Ouvrage de Romé de l'Isle sur les formes cristallines des minéraux.

Sphère mouvante de Majas de Bar-le-Duc.

Monge, Guiton-Morveau, Lavoisier et Berthollet, publient les Annales de chimie.

Prix fondé en faveur des cultivateurs laborieux.

Publication de la Galerie de Florence par Joubert, trésorier des états de Languedoc.

Méthode de Jussieu pour la classification des plantes.

Projet d'éducation militaire nationale, dédié au général Lafayette, par F. Babié de Lavaur, journaliste.

*Méares, Anglais, reconnaît la côte au sud de Nootka.

*Voyage de Dixon autour du monde.

(1790)
Janvier

1ᵉʳ Le *Réveil d'Épiménide*, comédie de Flins. (Mon.)

2 *Ass. nat.* Discours de Bailly, maire de Paris, au sujet du renouvellement de l'année.

*Conférence entre le général autrichien Ferrary et quelques membres de la confédération de Belgique.

Histoire philosophique et politique de l'assemblée nationale, par un député de Blois. (Mon.)

3 *Ass. nat.* Discussion sur les réclamations de quelques régimens contre le rapport de Dubois-Crancé, concernant la constitution militaire. —Arrêté sur la proposition de Duport, qui charge le président de manifester à tous les régimens l'estime de l'assemblée. —Ricard justifie les habitans de Toulon de l'imputation d'avoir voulu piller l'arsenal. —Dons patriotiques de la ville de Nancy. —Discours adressé à Louis XVI et à la reine, par le président de l'assemblée nationale à l'occasion, de la nouvelle année. —Ordre de relâcher des voitures chargées de lingots et de piastres, arrêtées par le district des cordeliers. —Débats sur l'affaire de Toulon. —L'abbé Maury s'élève contre l'attentat de l'emprisonnement du comte d'Albert. —L'assemblée ne prend aucune décision.

(*S. du soir.*) Castellane propose de faire déclarer à tous les agens de détentions arbitraires l'état de leurs prisonniers. —Mougins de Roquefort annonce l'évasion de ceux des îles Sainte-Marguerite. Dionis du Séjour propose de faire visiter les prisons religieuses. —Fréteau donne quelques détails sur les bastilles secrètes. —L'assemblée décrète la proposition de Castellane. L'abbé Montesquiou est nommé président.

4 *Ass. nat.* Motion de Chapelier pour supplier le roi, par députation, de former lui-même la liste civile. Décrété après quelques observations. —Adoption du décret de Camus pour le parlement et la réduction des pensions et traitemens. Opinion de Liancourt sur la réduction des pensions. — Wimpffen propose de supprimer la reversibilité. — Opinions de Regnaud, Beaufremont et Montesquiou, sur la nécessité des réductions. L'abbé Maury demande la création d'un comité. Camus propose, après de longues oppositions, un projet. —L'assemblée l'adopte.

5 *Ass. nat.* La ville de Bordeaux propose d'instituer une fête pour marquer l'ère de la liberté. —A la suite des réclamations de Luckner et d'Ambly, Camus fait décréter que Luckner et les héritiers de d'Assas et Chambord seront exceptés du décret sur les pensions. —Bouche propose un arrêté provisoire sur les biens des ecclésiastiques absens. Appuyé par Grégoire. —Maury défend les intérêts des fugitifs. — Camus invoque les lois contre l'absence des bénéficiers. — Réponse de d'Éprémesnil, justifie particulièrement la fuite des archevêques de Paris et de Sens. —L'assemblée décrète le séquestre des bénéficiers absens. —Opinion de Rœderer sur les ecclésiastiques absens. Il pense

29 *Ass. nat.* Après un mois de discussions orageuses, l'assemblée nationale décrète, à la majorité de 502 voix contre 423, l'émission de 800 millions d'assignats forcés et sans intérêts, lesquels seront employés à l'acquit de la dette publique non constituée. Les assignats rentrés au trésor seront brûlés. Il n'en sera fait aucune nouvelle fabrication qu'en vertu d'un décret du corps législatif, et toujours sous la condition qu'ils ne puissent excéder la valeur des biens nationaux, ni se trouver au-dessus de 1200 millions en circulation.—d'Epremenil lit un projet de décret dans lequel il propose le rétablissement de tout ce que l'assemblée a détruit.—Charles Lameth demande que d'Epremenil soit envoyé quinze jours à Charenton.—Sur la proposition d'Alexandre Lameth et de Montmorency, ordre du jour motivé sur le profond mépris de l'assemblée pour l'auteur du projet.

30 *Ass. nat.* On décrète une adresse au peuple sur les assignats.—Rapport de Chabrand sur les événemens des 5 et 6 octobre 1789.

*Léopold II est élu empereur d'Allemagne.

*Les habitans du Canada battent le général américain Harmac.

1er *Ass. nat.* Fin du rapport de Chabrand sur les affaires des 5 et 6 octobre. Bonnay fait l'apologie des gardes-du-corps, et excuse le repas pour lequel ils sont inculpés. Mirabeau demande l'impression du rapport.

(*S. du soir.*) Députation de Saint-Domingue.

Ass. nat. Discussion sur le rapport de Chabrand.—Mirabeau déclare qu'il se porte accusateur du Châtelet.—Maury combat le projet du rapporteur.—Alexandre Lameth et Rœderer l'interpellent.—Maury consent à ce que Mirabeau sorte de la procédure, mais il pense qu'il y a lieu à accusation contre le duc d'Orléans.—Discours de Mirabeau pour se justifier; il est couvert d'applaudissemens.—Biron justifie le duc d'Orléans.—L'assemblée déclare qu'il n'y a pas lieu à accusation contre le duc d'Orléans et Mirabeau.—Dès que le décret fut rendu, Mirabeau dit : « Oui, le [...] de cette infernale procédure est enfin découvert. Il est là [...]tier (en désignant du geste le côté droit), il est dans l'in[...] ceux dont le témoignage et les calomnies en ont formé le [...] est dans les ressources qu'elle a fourni aux ennemis de la [...]on, il est..... il est dans le cœur des juges tel qu'il sera [...] buriné dans l'histoire, par la plus juste et la plus implaca[...]engeance. »

[...] *nat.* Remercîmens du père de Desilles. — Discours du duc d'Orléans sur l'affaire du 6 octobre.

5 *Ass. nat.* Suite de la discussion sur le système de l'imposition.

(*S. du soir.*) Détrouville fait hommage d'une invention hydraulique. — Le garde-des-sceaux transmet un arrêté du parlement de Toulouse contre les opérations de l'assemblée nationale. Cet arrêté, dit

Robespierre, est un acte de délire qui ne doit exciter que le mépris; ce corps, ajoute-t-il, se coalise avec le pouvoir exécutif.

Rapport fait à la commune de Nancy relativement à un garde national nommé Sloëner, qui retira Désillé du milieu du feu. (Mon.)

7 *Ass. nat.* L'assemblée décrète que la contribution foncière sera toujours payée en argent et jamais en nature.

8 *Ass. nat.* Les membres composant la chambre des vacations du parlement de Toulouse, protestent contre le décret du 7 septembre 1790. Par leurs arrêts des 25 et 27 du même mois; ils sont traduits, ainsi que le procureur général de cette cour, par devant le tribunal qui sera incessamment formé pour juger les crimes de lèse-nation.

9 *Ass. nat.* Tableau de la dépense totale occasionée par la fabrication de 400 millions d'assignats.

Les Deux Noms, pièce d'Imbert, jouée sur le théâtre de Monsieur. (Mon.)
Feuille villageoise, par Rabaud Saint-Etienne, Grouvelle et Cérutti.
La Provisiade, poëme national sur la révolution, en dix chants. (Mon.)

10 *Ass. nat.* M. Merlin de Douai est élu président (35e président).

11 Le général Lafayette refuse d'accepter aucune indemnité en sa qualité de commandant général de la garde nationale parisienne.

Prospectus de la vie publique et privée de MM. les députés à l'assemblée nationale, par Dervilly. (Mon.)

13 *Ass. nat.* Rapport de Talleyrand sur l'instruction publique. — Sur le revenu net.

Lettre de J.-B. Clootz à un prince d'Allemagne, sur la situation de l'Europe, brochure in-8o. (Mon.)

14 *Ass. nat.* Thouret fait adopter un projet de décret sur les juges de paix et leurs attributions.

15 Quarante-huit officiers municipaux sont élus par les sections de Paris.

16 *Ass. nat.* Noailles communique à l'assemblée une lettre des officiers de Châteauvieux, annonçant que les soldats de ce corps ont déposé les sommes qui leur avaient été distribuées lors de l'insubordination.

Lettre de Lafayette à Champbonas, commandant la ville de Sens, en son portrait. (mon.)

17 Considérations politiques et religieuses contre le célibat ecclésiastique.
Histoire de la Sorbonne, par Duvernet. (Mon.)
Extrait de l'Abrégé des Transactions philosophiques de la société de Londres. (Mon.)
L'auteur de l'Histoire critique de la Noblesse, est Delandine. (
Le Patriote français, par Brissot.

19 *Ass. nat.* Rapport de Menou sur les troubles de Brest. Il faut se retirer par-devant le roi pour lui annoncer que les ministres ont perdu la confiance de la nation. — Cazalès s'élève. Il défend Necker. Il engage les ministres à périr comme Strafford, plutôt que d'abandonner les intérêts du monarque. Il déclare que les membres de l'assemblée ont formé le projet coupable de dépouiller la royauté du peu de pouvoir qui lui reste.

Architecture hydraulique, par Prony,

Ass. nat. L'abbé Fauchet fait hommage à l'assemblée d'un ouvrage intitulé : *Travail de la commune de Paris dans les années* 89 *et* 90. —On reprend la discussion sur le rapport de Menou. —Après une vive discussion, la question relative au renvoi de ministres est rejetée à une majorité de 403 voix contre 340.

20 Le nouveau d'Assas, pièce en l'honneur de Désilles, jouée au Théâtre Italien (Mon.)

Formation d'une société sous le nom de Confédération des Amis de la Vérité ; discours d'ouverture prononcé par l'abbé Fauchet.

21 *Ass. nat.* Suite de la discussion sur l'insubordination de l'escadre de Brest.—Vive discussion entre Mirabeau et Cazalès. —Sur la proposition de Menou et de Mirabeau le pavillon tricolor est substitué sur les vaisseaux aux pavillons blancs, et au cri d'usage de Vive le roi, on substitue celui de Vive la nation, la loi et le roi. — Guilhermy traite Mirabeau d'assassin et de scélérat, et est condamné aux arrêts pour trois jours, sur la proposition de Renaud d'Angély.

22 *Ass. nat.* Sur la proposition de Praslin l'assemblée décrète qu'il sera attaché des cravattes tricolores aux drapeaux de tous les régimens. —On annonce la mort de Désilles.—Champagne, Guéroult l'aîné et Guéroult cadet, professeurs de l'université de Paris , offrent à l'assemblée un plan d'éducation et d'enseignement national.

23 *Ass. nat.* Suite de la discussion sur la contribution personnelle. L'assemblée décrète, sur la proposition de Rœderer, que le salarié qui ne gagne que sa subsistance rigoureuse, et qui ne doit pas être appelé aux fonctions sociales, ne sera point imposé. Robespierre s'y oppose. « Le droit de citoyen, dit-il, est un droit naturel dont doit jouir tout membre d'une société politique, il n'a pas besoin pour cela de l'intervention du législateur. »

24 *Ass. nat.* Rédaction définitive du décret qui change la couleur et la forme du pavillon national.

Nomination des seize premiers administrateurs de Paris. (Mon.)

Mort de Désilles, blessé à l'affaire de Nancy. (Id.)

Scènes civiques, par Lamourette. (Id.)

Chasteté du Clergé dévoilée, ou Procès-verbaux des séances du clergé chez les filles de Paris , trouvés à la Bastille. (Id.)

Le Portrait , ou la Divinité du Sauvage, opéra, théâtre de Monsieur. (Id.)

25 Poëme de Lebrun sur la nature. (Mon.)

Ass. nat. M. Barnave est élu président (36e président). —Organisation du tribunal de cassation et de la haute cour nationale. — Robespierre définit le crime de lèze-nation.—L'attribution donnée au châtelet pour juger les crimes de lèze-nation est rapportée.

26 *Ass. nat.* Sur la contribution personnelle.

(*S. du soir.*) Sur les troubles de Nîmes.

Les ministres de Louis XVI se plaignent des dénonciations dirigées contre eux, et offrent de se retirer. Réponse du roi , il déclare qu'il ne partage point les inquiétudes dont ils sont l'objet.

27 *Ass. nat.* Suite de la discussion sur les troubles du midi.

M. de Fleurieu est nommé ministre de la marine, à la place de M. de la Luzerne, dont la démission est acceptée avec regret par le roi.

28 *Ass. nat.* Fin de la discussion sur la contribution personnelle. — Butafuoco dénonce Paoli.

Société présidée par Goupil, et qui se rassemble sous le nom de Confédération des Amis de la Vérité.

29 *Ass. nat.* Rapport de Montesquiou sur l'emploi des 800 millions d'assignats.

30 *Ass. nat.* Rapport et discussion sur les désordres commis à Béfort par les officiers de royal liégeois et Lauzun hussard.

31 Conférence de M. Elliot, envoyé anglais à Paris, avec les membres patriotes de l'assemblée nationale.

Novembre

2 *Ass. nat.* Rapport de Lanjuinais sur les abus dans la nomination des bénéfices. — Rapport de Larochefoucault sur la vente des biens nationaux.

Ouverture de l'assemblée électorale de la Corse, et formation des autorités constitutionnelles de ce département.

Projet tendant à former une nouvelle maison militaire à Louis XVI (Mon.)

Lois pénales, par Pastoret. (Mon.)

3 Lettre relative à l'organisation des tribunaux de commerce, par Lecouteulx de Canteleu. (Mon.)

Vies des Surintendans des finances et Contrôleurs-généraux, depuis Enguerand de Marigny jusqu'à nos jours. (Mon.)

Ouvrage contre la révolution française, intitulé : De l'Etat de la France, sent et à venir, attribué à l'ex-ministre Calonne. (Mon.)

4 Insurrection à l'île de France. Le capitaine de vaisseau Macnemo est massacré.

Ass. nat. La peine de mort est prononcée contre ceux qui fabriqueront de faux assignats. — Répartition de la contribution foncière.

(*S. du soir.*) Décret portant qu'il y aura une administration centrale des ponts-et-chaussées.

5 Convocation des quarante-huit sections de Paris, à l'effet de délibérer sur la proposition de renvoyer les ministres, et la dénonciation nominative de Latour-du-Pin et Champie.

Lettre de Clavière à Lebrun, contre l'établissement des loteries.

Ass. nat. Longue séance sur les moyens de faire rentrer les impôts arriérés. « Si les peuples refusent de payer, dit Maury, vous n'avez rien de mieux à faire que de vous en aller. »

6 *Ass. nat.* Décret portant que sur les 800 millions d'assignats décrétés, il sera prélevé une somme de 200 millions qui sera mise en réserve pour les besoins imprévus.

(*S. du soir.*) Vive discussion au sujet d'une députation d'électeurs corses, dont l'orateur accuse deux députés de son département. « Voulez-vous nous faire assassiner, » disent les membres du côté droit. « Si nous avons des phalanges à notre disposition, dit Mira beau, et que vous n'ayez que des libelles à la vôtre, il faut avouer que notre patience est grande. »

7 Vœux des neuf districts d'Avignon pour leur réunion à la France.
Adresse de Clootz à Edmont Burke. (Mon.)

8 *Ass. nat.* Chassey président. — Rapport d'Enjubault sur la législation domaniale.

Commencement de la première assemblée électorale du département de Paris, pour la nomination des juges et de leurs suppléans, et des administrateurs du département. Cette assemblée nomme aussi l'évêque de Paris et les curés.

9 *Ass. nat.* Sur la formation du tribunal de cassation.
(*S. du soir.*) Le sieur Brulé est autorisé à ouvrir un canal depuis l'embouchure de la rivière de l'Ourcq jusqu'à Paris.

10 *Ass. nat.* Danton, orateur d'une députation de la commune de Paris, dénonce les ministres.

11 *Ass. nat.* Suite du tribunal de cassation.

12 Duel entre MM. de Castries et Charles de Lameth, députés. M. de Lameth est légèrement blessé.

13 *Ass. nat.* D'Epremenil annonce que le peuple a dévasté l'hôtel de Castries. Discussion.
(*S. du soir.*) Une députation du bataillon de Bonne-Nouvelle, et plusieurs autres, sollicitent un décret pour qu'aucun membre de l'assemblée ne puisse être provoqué en duel, et demande vengeance contre Castries, provocateur de Charles Lameth. — Roy insulte les pétitionnaires. — Sur la proposition de Mirabeau, après une vive discussion, l'assemblée décrète que Roy se rendra à l'abbaye Saint-Germain pour trois jours.
Collection des Mémoires historiques sur l'histoire de France. (Mon.)
Description de la France, par Dulaure. (Mon.)
Socrate, comédie en trois actes, de Collot-d'Herbois, au théâtre de la Nation. (Mon.)

16 M. du Portail est nommé ministre de la guerre au lieu de M. de la Tour-du-Pin.
Les Français établis à Smyrne prêtent le serment civique et arborent la cocarde tricolore. (*Mon.*)

17 *Ass. nat.* Organisation du tribunal de cassation. — Sur la proposition de Duport, l'assemblée décrète que le nombre des membres de ce tribunal sera égal à la moitié des départemens, et que les départemens, qui éliront en premier lieu, seront déterminés par le sort.

18 (*S. du soir.*) Suite de la discussion sur Avignon. L'abbé Jacquemard défend les droits du pape sur le comtat. Robespierre parle dans le sens contraire, et demande qu'Avignon soit réuni à la France.

20 *Ass. nat.* Sur le rapport de Barrère, le château de Vincennes est mis à la disposition de la commune de Paris pour y renfermer les détenus, les prisons de cette ville étant devenues insuffisantes.

(*S. du soir.*) Adresse de la légion des amazones de Vic. — Discours
de Mirabeau sur Avignon.

Ravages causés par la crue subite de la Loire.

21 *Ass. nat.* Rapport de Merlin sur les successions et les inégalités de
partage.

22 M. Duport-du-Tertre est nommé garde-des-sceaux, au lieu de M.
de Champion de Circé, archevêque de Bordeaux. Il se rend à
l'hôtel-de-ville, au moment où le conseil général de la commune
venait de nommer une députation pour l'aller complimenter. On
vote pour qu'il garde son écharpe de substitut de procureur syndic, qu'il venait de déposer sur le bureau; un arrêté adopte la
motion. Discours de Bailly à ce sujet.

23 *Ass. nat.* Duport-du-Tertre (*ci-devant roturier*) chef de la justice et
garde-des-sceaux, annonce son installation.

S. du soir. Décret qui ordonne de poursuivre Montaigne, gouverneur de la province du ci-devant Languedoc.

Plan de Voulland sur la Mendicité. (Mon.)
Les Portraits, comédie lyrique, au théâtre de Monsieur. (Mon.)
Bibliothèque de l'Homme public, par Condorcet, Chapelier, Peysonnel et au-
tres. (Mon.)
Extrait analytique d'un ouvrage de M. Bonne, sur les rapports des poids et
mesures, avec le mouvement de la terre et des astres principaux. (mon.)

25 Premier massacre des blancs par les nègres de Saint-Domingue.
Ass. nat. Sur les troubles de St.-Domingue.

26 (*S. du soir.*) Rapport de Voidel sur les protestations de plusieurs
évêques contre les décrets de l'assemblée.

*Guerre dans l'Inde entre les Anglais et Tippoo-Saëb.

27 *Ass. nat.* Suite de la discussion sur les ecclésiastiques. — Sur la proposition de Voidel, l'assemblée ordonne l'exécution des décrets
sur la constitution du clergé, et prononce le décret qui règle la
forme du serment à prêter par les ecclésiastiques.

29 *Occupation de Namur par les Autrichiens : désespoir des
Belges. (*Mon.*)

30 *Ass. nat.* Décret qui porte que les pensions du clergé seront payées
exactement.

M. de Lessart est nommé contrôleur-général des finances, au lieu de
M. Lambert.

Décembre.

2 La ville de Bruxelles ouvre ses portes aux troupes autrichiennes;
Léopold II accorde une amnistie générale et promet de respecter
les priviléges des Belges.

3 *Ass. nat.* L'assemblée décrète l'abolition des domaines congéables,
comme compris dans celle de la féodalité.

4 Delessart remplace Lambert au contrôle général des finances.

Le capitaine Cook, pièce lyrique, jouée sur le théâtre de montansier. (mon.)

5 *Ass. nat.* M. Pétion de Villeneuve est élu président (39e président).
— Organisation de la force publique. — Etablissement du droit
d'enregistrement des actes civils et judiciaires.

7 *Détails sur l'entrée des Autrichiens à Bruxelles et à Mons. *(Mon.)*
(*S. du soir.*) Vive discussion sur l'affaire de Nancy.
   Le Tombeau de Désilles, par Desfontaines, au théâtre de la Nation. (Mon.)
8 Alceste à la Campagne, comédie en cinq actes, par Demoustier. (Mon.)
10 Société des gardes nationaux de France, établie aux Petits-Pères, à
   Paris, par Barnave. *(Mon.)*
11 *Discours de lord Stanhope à la chambre des pairs, sur un ouvrage
   de Calonne.
12 Exemple rapide d'un mode d'organisation pour la garde nationale, par Guiraudet. (Mon.)
   La Famille réunie, pièce de Favart, au théâtre Italien. (Mon.)
   Deschapelles dénonce un pamphlet intitulé : Grands cris du Père Duchesne.
   (Mon.)
13 *Ass. nat.* Commencement de la discussion sur la suppression de la
   vénalité des charges ou offices ministériels des anciens tribunaux.
   Etienne Marchand, marin de Marseille, met à la voile de ce port pour un
   voyage autour du monde; l'armement est fait par la maison de commerce
   Baux. C'est la première circumnavigation du globe, effectuée par des Français sans l'appui du gouvernement.
15 *Ass. nat.* Suppression de la vénalité et de l'hérédité des offices ministériels ou de protestation près des tribunaux; établissement
   d'officiers publics, pour les citations, significations et exécutions
   des jugemens.
   Lettre du Cousin Jacques (Beffroi de Reigny), contre le brigandage exercé à
   l'égard des productions des auteurs. (Mon.)
   Députation au pape pour lui représenter que le vœu général du
   peuple est d'adopter la constitution française. — Décret rendu à
   ce sujet par l'assemblée représentative du comtat de Venais-
   sin. *(Mon.)*
16 Le Ballet de Psyché, en trois actes, par Gardel, joué à l'Opéra. (Mon.)
18 *Ass. nat.* Rapport et discussion sur les troubles qui ont eu lieu à
   Aix.
   Première représentation de la tragédie de Jean Calas, par Laya.
19 L'Histoire universelle, par Beffroy de Reigny, dit le Cousin-Jacques, pièce jouée
   au théâtre de Montansier. (Mon.)
20 *Ass. nat.* M. Bonnay est élu président pour la troisième fois, il refuse.
21 (*S. du soir.*) Sur le rapport de Barnave, appuyé et amendé par
   Eymar, décret qui porte qu'il sera élevé une statue à J.-J. Rousseau, aux frais de la nation.
22 *Prise de la forteresse d'Ismaël (Bessarabie sur le Danube), par
   Suwarow, qui, de sang-froid, ordonne le massacre des habitans et celui de la garnison, qui s'était si vaillamment défendue.
   30 mille hommes périrent. C'est ce même Suwarow qui fut vaincu
   par Masséna en Suisse.
   Ass. nat. Dandré élu président.
23 *Ass. nat.* Le roi se plaint de ce que le Journal de Paris, n° 554, a
   calomnié la reine.

(*S. du soir.*) Réponse du roi sur les motifs qui arrêtent sa sanction à la constitution civile du clergé.

Mandement de l'évêque de Grave contre l'assemblée nationale. (Mon.)

24 Louis XVI annonce que Guignard-Saint-Priest, ministre de l'intérieur, ayant donné sa démission, le portefeuille est remis par intérim, à Montmorin

26 *Ass. nat.* Le roi cédant aux sollicitations de la majorité de l'assemblée nationale, accepte le décret du 27 novembre, qui exige des ecclésiastiques le serment à la constitution civile du clergé ; il déclare que c'est sa confiance en l'assemblée qui l'a engagé à l'accepter ; il demande la réciprocité de ce sentiment entre l'assemblée nationale et lui : « Elle est nécessaire, dit-il, je la mérite et j'y compte. »

*Le pape nomme une congrégation de treize cardinaux, pour s'occuper de l'amélioration du service divin et de la discipline ecclésiastique.

27 *Ass. nat.* Soixante ecclésiastiques députés, prêtent le serment civique au sein de l'assemblée. Le curé Grégoire à la tête, dit : « Nous ne voyons dans cette constitution, dont nous serons les » missionnaires, et dont nous serions, s'il le fallait, les martyrs, » rien qui blesse les vérités saintes que nous sommes appelés à » enseigner, etc. »

Les soixante députés sont Grégoire, Oudot, Julien, Saurine, Bothin, Mougins, Rigouard, Marolles, Dillon, Aubry, Gasc-la-Coste, Joubert, Marsay, Lecesve, Bouilhote, Bucaille, Guillot, Thiriot, Thybault, Besse, Robert-Thomas, Renaud, Ballard, Monnel, Bodineau, Laurent, Favre, Chouvet, Drouilly, Gibert, Clerget, Verguet, Latyt, Bourdon, Brignon, Noël, Rangeard, Delaunay, Bertrand, Burnequier, Aury, Mesnard, Delabat, Colaud de la Salcette, Jarade, Jenot, Lancelot, Lisserand, Papin, Charrier, Dumouchel Bonnefoi, Jallet, Merceret, Gouttes, Aubert, Gassendes, Gardiol, Rousselet. Les abbés la Salcette, Dublaquais et don Gerles, quoique fonctionnaires publics, prêtent aussi le même serment.

La Communauté de Copenhague, ou le duc de Valdèze, opéra, musique de Jodin, joué sur le théâtre Montansier. (Mon.)

30 Décret qui déclare que toute découverte ou nouvelle invention est la propriété de son auteur, et qu'un titre conféré par l'autorité, lui en assure la jouissance.

(1791)
Janvier

1ᵉʳ Etablissement des contributions foncières et mobilières. En principe le 23 novembre 1790, et décrété définitivement le 13 janvier 1791.

Installation du nouveau pavillon national à Toulon.

Dénonciation d'un écrit signé Santerre, intitulé : Arrêté des vainqueurs de la Bastille, et défense à toutes personnes de se réunir en assemblée sous cette dénomination.

Janvier

Talleyrand, évêque d'Autun, annonce aux ecclésiastiques du département de Saône-et-Loire, qu'il vient de prêter le serment civique et religieux ; il les invite à imiter son exemple.

2 *Ass. nat.* Plusieurs ecclésiastiques prêtent serment. Observations de l'évêque de Clermont.

Le général Rochambeau dans une adresse aux officiers et soldats de son armée, les rappelle à la subordination et à la discipline. (*Mon.*)

3 *Ass. nat.* La discussion s'engage sur les jurés.

*Nouvelle de la soumission du peuple Liégeois à l'empereur d'Allemagne. (*Mon.*)

4 *Ass. nat.* Emmery est élu président. Longue et vive séance au sujet de la prestation du serment des ecclésiastiques.

5 M. Desmousseaux est nommé substitut du procureur-syndic de la commune de Paris, à la place de M. Duport-Dutertre.

Avignon et le comtat Venaisin, arborent les armes de France.

6 Lettre de la veuve J.-J. Rousseau à l'assemblée.

La Liberté conquise, ou le Despotisme renversé, drame, par Harny, joué sur le théâtre de la Nation. (Mon.)

J.-J. Rousseau à ses derniers momens, opéra joué sur le théâtre Italien ; par Bouilly. (Mon.)

7 Plusieurs prêtres de l'église métropolitaine de Paris, reconnaissent la constitution civile du clergé, comme conforme aux libertés de l'église gallicane.

8 (*S. du soir.*) Dumouchel à la tête de l'université de Paris, présente l'adhésion de ce corps à tous les décrets de l'assemblée nationale.

9 Les nouveaux administrateurs du département de Paris, sont Pastoret, Kersaint, Creté-Paluel, Arnoux, Giot et Deix.

12 Troubles dans le comtat Venaisin.

Observations de Peuchet sur les sections de Paris, et le danger des pouvoirs qu'elles s'arrogent. (Mon.)

Griselide, opéra, au théâtre Italien. (Mon.)

Banquet des Savans, par Athénée, traduction de Lefebvre de Villeneuve. (Mon.)

Tableau de l'histoire des Provinces-Unies, par Cerisier, depuis l'expédition des Cimbres jusqu'en 1751. (Mon.)

Les Œuvres de Law. (mon)

*Les troupes autrichiennes occupent Liége et y rétablissent le prince évêque.

13 *Ass. nat.* Décret sur l'établissement de la contribution mobiliaire, et particulièrement celle de 1791. — Décret sur la propriété des ouvrages dramatiques.

14 *Ass. nat.* Projet d'adresse de l'assemblée nationale aux français, sur la constitution civile du clergé, par Mirabeau. — Vive opposition de Camus et Regnaud. — L'abbé Maury et plusieurs autres sortent de la salle.

Election de Cérutti, Dutremblay et Lacépède à l'administration du département.

Catéchisme de la Paix, ou Instruction sur la constitution civile du clergé. (Mon.)

16 La ci-devant maréchaussée est organisée en gendarmerie nationale.

17 Sangrain, libraire de Paris, offre à l'assemblée la dédicace d'une nouvelle édition de l'évangile. L'assemblée applaudit et accepte.

18 M. l'abbé Grégoire, curé d'Embermenil, député de Nancy, est élu président (42ᵉ président). — Fin de la discussion sur les jurés.

*Bref du pape contre le serment exigé des ecclésiastiques français.

21 *Ass. nat.* L'assemblée fait pourvoir à l'entretien de la maison carrée de Nîmes. — Chassey présente une nouvelle adresse sur la constitution du clergé en remplacement de celle de Mirabeau.

22 *Ass. nat.* L'assemblée met à la disposition du département d'Ille-et-Vilaine, la somme de 34,000 liv. pour les réparations à faire aux digues de Dol.

Sont élus membres du département, Larochefoucault, Faucompré, Broune, des Faucherets, Talleyrand, Mirabeau et d'Ormesson.

23 Instruction de l'assemblée sur l'organisation civile du clergé.

24 Deux compagnies de chasseurs se rendent au village de la Chapelle pour prêter main forte aux commis contre des contrebandiers; peuple se soulève et tue un de ces chasseurs.

Traduction des harangues politiques de Démosthènes, par Gin, avec notes relatives aux circonstances présentes. (Mon.)

Paul et Virginie, opéra, musique de Creilt, joué au théâtre Italien.

Laurette, opéra, au théâtre de Monsieur. (Mon.)

25 *Ass. nat.* Discours de Barnave pour l'entière exécution du décret du 27 novembre, qui prescrit le serment du clergé.

Election au département de Paris, de Maillot, Brière de Mondétour et Thouin.

Mémoires secrets sur les règnes de Louis XIV et LOUIS XV, publiés. (Mon.)

Poésies diverses, de Guyétard. (Mon.)

26 *Ass. nat.* Rapport de Chassey sur le remplacement des fonctionnaires ecclésiastiques. — Opposition de Cazalès, Maury etc. « Laissez rendre ce décret, nous avons besoin encore de deux ou trois comme cela et tout sera fini. » — Discours de Mirabeau sur la constitution civile du clergé; quarante-quatre ecclésiastiques d'Orléans, l'évêque à leur tête, prêtent serment à la foire.

27 Les fonctionnaires publics et ecclésiastiques qui n'ont pas prêté le serment sont remplacés.

M. de Clermont-Tonnerre avait été nommé président du club monarchique, une grande quantité de peuple assiège sa maison.

M. Bailly s'y rend; mais à son arrivée, toute la troupe était dispersée.

Un nommé Louvain, suspecté d'espionnage, est grièvement blessé par la populace du Faubourg Saint-Antoine. La garde nationale le soustrait à ses coups et le conduit au Châtelet.

28 *Ass. nat.* Rapports d'Alexandre Lameth sur la sûreté extérieure de l'état. — L'assemblée décrète la distribution de 50,000 fusils aux gardes nationales. — Elle rend des honneurs au buste du brave Désilles mort pour ses concitoyens de Nancy. — Prévenue par le roi que les émigrés allemands fomentent les dispositions hostiles de quelques princes voisins de la France, et que ces émigrés trouvent des facilités pour s'armer eux-mêmes, l'assemblée ordonne que les différens corps de l'armée seront portés au complet, et qu'on s'assurera de 100,000 soldats auxiliaires, destinés à être répartis dans les régimens.

29 *Ass. nat.* Adoption de la proposition de Lecamus, portant que Lebarbier, peintre, sera chargé de représenter dans un tableau, aux frais de la nation, l'action de Desilles, pour faire pendant au tableau du jeu de paume, qu'on attend du pinceau de David.

Les sociétés du département de l'Aisne portent Grégoire à l'évêché de ce département.

30 *Ass. nat.* M. de Mirabeau est élu président. (43ᵉ président.)

M. de Lessert, contrôleur-général, est nommé ministre de la maison du roi, au lieu de M. de Saint-Priest.

Février

1ᵉʳ *Ass. nat.* Chapelier fait rendre un décret sur le mode de procéder aux inventaires, partages et liquidations, en cas d'absence de quelqu'un des intéressés. — Le président annonce que les députés de l'île de France ont péri dans le naufrage de l'Amphytrite.

Trois commissaires civils sont envoyés à Saint-Domingue pour y rétablir l'ordre et la tranquillité publique, et deux autres sont envoyés à Cayenne.

2 Anselin, Lefebvre, Trudon (des Ormes), Danton, Gravier de Vergennes et Dumont sont élus membres du département.

Le roi accorde la croix de Saint-Louis au sous-lieutenant de vaisseau Bédée, qui, au milieu de la nuit, dans la rade de Brest, a sauvé l'équipage de la gabarre le Rhône.

Ass. nat. Sur la proposition de Merlin, l'assemblée décrète, le paiement en faveur des ci-devant seigneurs, du rachat des droits qu'ils possédaient sur les biens nationaux. — Sur la proposition de Dernaudat, elle décrète que les dispenses de mariage seront accordées gratuitement et sans distinction de religion.

M. de Rochambeau est provoqué à un combat singulier par Sainte-Luce.

Observations de Lalande sur le voyage de Lapeyrousse. (Mon.)

Le Convalescent de qualité, comédie de Fabre d'Églantine, jouée au théâtre Italien. (Mon.)

5 Le Fou par amour, opéra de Ségur jeune, joué sur le théâtre Italien. (Mon.)

6 Bruit qui se répand en France sur une union secrète de la Prusse et de l'Autriche, et sur les vues qu'elles ont relativement aux événemens qui sont arrivés dans le royaume de France.

L'abbé Sieyès, Arron et Barré sont élus administrateurs du département de Paris.

La société des sciences et arts de Paris annonce l'ouverture d'un cours de fortifications, artillerie et tactique, par Lambert.

7 Etablissement de l'impôt du timbre.

Théorie des peines capitales, par Vasselin. (mon.)

Mémoire sur les entrepôts des colonies, par Blanchetière-Bellevue.

8 *Ass. nat.* Suite des discussions sur la haute cour nationale.

10 La Chaumière indienne, par Bernardin de Saint-Pierre. (Mon.)

Ass. nat. Suppression de l'administration générale des domaines, déjà décrétée en principe le 7 dudit mois, par le décret sur le timbre. — Discours de M. de Mirabeau à une députation de quakers. Il examine quelques-uns des principes de ces sectaires religieux, par rapport à la société. — Discussion sur le recrutement. Crillon pense qu'il ne doit pas y avoir de régiment étranger en France.

12 *Ass. nat.* Sur la proposition de Rœderer, contenue dans son rapport, l'assemblée décrète la libre culture du tabac.

Election de Mautord, Alexandre Lameth, et Jussieu, au département de Paris.

13 *Ass. nat.* M. Duport est élu président pour la deuxième fois. (44e président.)

Election au département de Paris, de Garnier, Debry et Davoust.

Formation à Paris d'une société nouvelle, dite des Inventions et Découvertes.

14 *Ass. nat.* L'assemblée décrète que la régie sera soumise aux mêmes droits que les particuliers pour la vente du tabac. — L'assemblée mande à sa barre les évêques de Tréguier, Saint-Paul de Léon et Vannes.

(*S. du soir.*) Rapport et discussion sur le domaine de Fenestrange, donné aux Polignac par le roi.

16 *Ass. nat.* Décret portant suppression des jurandes et maîtrises, et établissement des patentes.

17 Nomination au département, de Thion (de Chaume), Charton, Vieillard de Pardeilhe. Pastoret est élu procureur syndic.

Les Deux Portefeuilles, comédie de Collot d'Herbois, au théâtre de Monsieur. (Mon.)

18 *Ass. nat.* Les dépenses générales pour l'an 1791, sont fixées à 585 millions.

Le Franc Breton, par Dejaure, au théâtre Italien.

19 *Ass. nat.* Vive et longue discussion sur les finances. Les droits d'octroi et d'entrée sont supprimés, à dater du 1er mai prochain. (Voy. 1er mai.)

20 *Ass. nat.* Le roi annonce par une note le départ de ses tantes, Mmes Adélaïde et Victoire.

Février

Cora, opéra, musique de Méhul, à l'Académie royale de Musique.

21 *Ass. nat.* Sur la proposition de Camus, l'assemblée décrète la conversion de 50 millions qui restent à fabriquer en assignats de 50 liv.—Sur la proposition de Chapelier, elle décrète qu'on ne sera pas obligé au service personnel de la garde nationale, à 60 ans.

22 Le peuple se porte au palais du Luxembourg, sur le bruit qui s'était répandu du départ de Monsieur; promesse de ce prince de ne point se séparer du roi.

24 *Ass. nat.* L'assemblée déclare qu'aucune loi ne s'oppose au voyage de Mesdames, tantes du roi, arrêtées à Arnay-le-Duc.

25 *Ass. nat.* L'assemblée décrète qu'il sera fourni par le gouvernement 630,000 liv. pour les travaux du Havre.—Vive discussion sur le projet de Chapelier, relatif à la résidence des fonctionnaires.

Ass. nat. Sur un débat qui s'était élevé à l'occasion d'une phrase du président, dans laquelle on prétendait qu'il distinguait le serment constitutionnel de celui fait au roi, M. de Mirabeau déclare « qu'il combattra toute espèce de factieux qui voudraient porter atteinte aux principes de la monarchie, dans quelque système que ce soit, et dans quelque partie du royaume qu'ils osent se montrer. »

27 *Ass. nat.* M. de Noailles est élu président (45ᵉ président.)
Traduction italienne du Bourru bienfaisant, musique de Vicenzo Martin, espagnol. (Mon.)

28 *Ass. nat.* Discussion sur la soumission du peuple aux lois. Sur la rédaction de Desmeuniers, l'assemblée décrète qu'aucune autorité administrative, aucune section du peuple, sous quelque dénomination que ce soit, ne peut exercer aucun des actes de la souveraineté. — Commencement de la discussion des lois sur l'émigration.

Le peuple se porte à Vincennes pour détruire le donjon; des grenadiers de la garde s'emparent des plus mutins au nombre de 50, et les conduisent à la Conciergerie.

Journée *des chevaliers du poignard.* Plusieurs personnes se rendent dans les appartemens du château des Tuileries, avec des poignards, sous prétexte d'y défendre le roi ; elles sont désarmées, et cèdent aux ordres du roi et à la force armée qui les environne et qui les désarme. Les personnes arrêtées appartenaient à la société monarchique, établie en opposition de celle des jacobins.

Mars

1ᵉʳ *Ass. nat.* Discours de Mirabeau à l'assemblée nationale, comme orateur du département dont il avait été élu membre.—Rapport sur l'effectif de l'armée, consistant en 130,000 hommes.—Décret sur la consécration des évêques.—L'ordre de Malte est supprimé.

2 *Ass. nat.* Organisation du trésor public.
Le département supprime tout cérémonial pour les lettres.

3 *Ass. nat.* Dénonciation faite à l'assemblée, par Saint-Martin, d'un écrit qui invite les mécontens à se réunir au camp de Jalès.

Mandement de Lomenie de Brienne, évêque de Sens, en faveur du serment du clergé.

La Scène-des-Maisons est désigné dans Paris comme ayant le premier provoqué l'abolition des barrières.

4 *Détails donnés, dans les feuilles publiques, des troubles survenus à Saint-Domingue, et du massacre du colonel Mauduit.

5 *Ass. nat.* Suppression totale de la ferme et de la régie générale des tabacs. — Le département du Gard annonce une expédition de Dalbignac, contre le camp de Jalès, et l'arrestation de quelques-uns des rebelles.

Etablissement d'un tribunal provisoire à Orléans, pour juger les crimes de lèze-nation.

6 L'Abbé Audrein propose de retirer du sein des corporations particulières toutes les écoles du royaume, pour les rassembler sous un même mode et les déposer ensuite dans les mains de la nation. (*Mon.*)

Tontine de la compagnie d'assurances à vie, sous l'administration de Clavière.

7 Le Mari directeur, comédie de Flins, au théâtre de la Nation. (*Mon.*)

9 (*S. du soir.*) D'André demande et fait décréter la translation des prisonniers de l'Abbaye, à Paris, à Orléans. — L'assemblée décrète que l'administration du trésor public, sera composée de six membres nommés par le Roi. Lettre de félicitation à Peyrier, qui prêta son château de Vizilles, pour la fameuse assemblée de Dauphiné, et qui vient de remettre pour 20,000 livres de domaines nationaux, destinés à être partagés entre les différentes victimes des troubles de Vannes.

10 Traité de la Vérification, par Jolivet.
Anson est nommé vice-président du département de Paris.

11 Abolition des costumes des ordres religieux.

13 Histoire de la Révolution de 1789, par deux Amis de la liberté. (*Mon.*)
Corisandre, opéra en trois actes, musique de Langlé, à l'Académie royale de Musique. (*Mon.*)
Rienzy, tragédie représentée sur le théâtre de la Nation. (*Mon.*)

13 *Ass. nat.* M. de Montesquiou (46ᵉ président).

14 Lettre de Sieyès annonçant le refus des fonctions épiscopales auxquelles les électeurs de Paris le destinent.

Histoire de la Rivalité de Carthage et de Rome, traduite de l'anglais d'Addisson, par Dampmartin. (*Mon.*)

15 (*S. du soir.*) L'assemblée annulle la donation du Clermontois à la maison de Condé.

Edition en trois volumes de la Vie privée du maréchal de Richelieu. (*Mon.*)
Erreur des Economistes sur l'impôt, par Guiraudet. (*Mon.*)
Caractères et Anecdotes de la cour de Suède, par un anonyme. (*Mon.*)
Gobel, évêque de Lyda, est élu évêque de Paris.

16 *Ass. nat.* L'assemblée fixe à 240 millions, la contribution foncière
et la mobiliaire à 66 millions.
 Monsieur de Crac dans son petit Castel, comédie de Collin d'Harleville.
(Mon.)
17 *Ass. nat.* L'assemblée décrète que le *maximum* de la contribution
foncière de 1791, sera du sixième du revenu net.
 Insurrection et massacre dans la ville de Douai.
19 Les Monumens, par Puthod de Maison-Rouge. (Mon.)
20 *Ass. nat.* Décret qui déclare la culture du tabac libre en France.
 Il est chanté un *te Deum* pour la convalescence du roi.
 Discours de M. Bailly au roi, à l'occasion de cette convalescence.
22 *Ass. nat.* Rapport et commencement de la discussion sur la régence.
23 Motifs de concilier les esprits et les cœurs, par Doraison. (Mon.)
 Le nouvel évêque de Paris appelle comme d'abus, du refus que lui
font les évêques de Sens et d'Orléans, de lui donner l'institution
canonique. Envoyé par devant l'évêque d'Autun, il reçoit ladite
institution.
26 *Ass. nat.* Talleyrand présente une lettre de l'académie des sciences,
sur le travail de cette assemblée pour parvenir à l'unité des poids
et mesures, il fait adopter la grandeur du quart du méridien ter-
restre, pour base du nouveau système.—Vive discussion sur la résidence des fonctionnaires.
27 *Ass. nat.* M. Tronchet est élu président (47e président). L'Assemblée décrète que les mines sont à la disposition de la nation,
à la charge d'indemniser les propriétaires de la surface.
 Installation de M. l'évêque de Paris, par la municipalité de cette
ville.
28 *Ass. nat.* Suite de la discussion sur la résidence des fonctionnaires.
 Le peuple assiège le club dit monarchique, et en chasse les membres à coups de pierre.
 L'Alambic théologique, ouvrage comparé avec la théologie ancienne et ce
qu'en ont dit ses apologistes, par M. J. Mullier. (mon.)
29 *Ass. nat.* L'assemblée décrète la somme de 4,058,204 liv., en faveur
de l'hospice des enfans trouvés, des dépôts de mendicité, etc.
 Désignation des régimens par numéros, substitués à leurs anciens
noms.
30 *Ass. nat.* L'assemblée accorde 150,000 liv. pour les travaux du canal
de Nivernois.
 M. Corolleire dénonce une protestation de M. Botterel, ci-devant
procureur-syndic des états de Bretagne, contre les nouvelles lois
de la France.
 Le peuple qui se soulève, veut pendre le curé non-assermenté de
Saint-Sulpice.
 Mirabeau est attaqué tout-à-coup de coliques et d'un spasme violent
lent à la poitrine.

Mars

31 Camille, opéra en trois actes, de Marsollier, musique de Dalayrac, au théâtre
Italien. (Mon.)

Les Victimes cloîtrées, par Monvel, au théâtre de la Nation. (Mon.)

Avril

1er La maladie de Mirabeau ne laisse plus d'espérance de guérison.

Reprise et dissolution du club monarchique.

Le *Géographe national*, par Boucheseiche.

Etablissement des droits du timbre et de patentes, dont les décrets
préparatoires avaient été rendus les 7 février et 2 mars 1791.

Flagellation des sœurs grises, à raison de leur opposition manifestée à la constitution civile du clergé.

Le capitaine Vanconver part de Nootha pour son long voyage.

2 Les Deux Sentinelles, opéra comique d'Andrieux, musique de Lebreton, au
théâtre Italien. (Mon.)

Constitution des principaux états de l'Europe et des Etats-Unis de l'Amérique,
par Lacroix. (Mon.)

2 Mort de M. de Mirabeau. Consternation générale à cette nouvelle.
Les spectacles sont fermés.

Ass. nat. L'assemblée décide que tous ses membres assisteront aux
funérailles de Mirabeau.

Le département arrête de porter le deuil pendant huit jours.

Le peuple de Toulouse brûle le drapeau de la légion d'Aspe, dé-
nommée la 2e de la Saint-Barthélemy.

Tableau géographique de la puissance industrielle, commerciale, agricole,
civile et militaire de la nation française, par Couédic. (Mon.)

3 *Ass. nat.* L'assemblée décerne à Mirabeau les honneurs dus aux
grands hommes qui ont bien servi leur patrie.

M. le prince de Conti prête son serment civique.

4 Le nouvel édifice de Sainte-Geneviève est destiné à recevoir les
cendres des grands hommes, on l'appellera Panthéon. Le département y fait graver au-dessus du fronton, ces mots : *Aux grands
hommes la patrie reconnaissante.* — Le corps de Mirabeau y est
déposé, et M. Cérutti prononce l'éloge de ce grand homme, dans
l'église de Saint-Eustache.

La société des amis de la constitution arrête de faire exécuter son
buste en marbre, avec les paroles mémorables de la séance
royale : *Allez dire à ceux qui vous envoient.... etc.*

Le département de Paris et plusieurs autres déclarent qu'ils porteront le deuil pendant 8 jours.

*Prise de Maczin, par le général russe Galitzin.

5 Le club des droits de l'homme invite, par un avis de son président
Dufourny, tous les citoyens à lui adresser la dénonciation des
abus des différens pouvoirs.

Etablissement de la société des Amis des Arts.

Annonce d'un établissement d'une banque générale aux Etats-Unis d'Amérique.

6 Détail de la cérémonie funèbre de Mirabeau. (*Mon.*)

Ass. nat. Discussion sur l'organisation du ministère.

Avril

7 L'assemblée décrète qu'aucun député, et membre du tribunal de cassation, ne pourra entrer dans le ministère, ni recevoir dons ou pensions du pouvoir exécutif, que quatre ans après la cessation de l'exercice de ses fonctions.

9 Le célèbre Lavoisier accepte la place de commissaire de la trésorerie, avec Condorcet, Rouillé de l'Etang, Devagnes et Dutremblay.

11 Etablissement du théâtre du Vaudeville, fondé par Piis et Barré. (Mon.)

12 Un jugement rendu par le tribunal du district de Versailles, ordonne qu'il sera brûlé par l'exécuteur des jugemens criminels, une ordonnance de M. de Juigné, archevêque de Paris, par laquelle ce prélat défend de reconnaître en aucune manière, les prêtres qui ont prêté le serment.

14 *Ass. nat.* Décret qui révoque la cession du domaine de Fenestranges; un tel acte étant considéré comme une insigne déprédation envers le trésor public.

Installation du tribunal de cassation, et suppression des avocats aux conseils.

*Le général russe Galitzin, lève le siége de Braïlow.

15 Lettre d'Alexandre Lameth à la société patriotique de Dunkerque, déclarant au nom du comité militaire, qu'aucune loi ne défend aux militaires d'assister aux séances d'une société patriotique.

16 Etablissement de la tontine du Père de Famille. (Mon.)

18 Le roi veut partir pour Saint-Cloud avec sa famille, afin de se livrer avec plus de liberté aux exercices de piété de la Semaine Sainte. (Il désirait le ministère des prêtres insermentés.) Le peuple s'oppose à son départ. Lafayette essaye en vain d'ouvrir un passage, une partie de la garde nationale refuse de lui obéir. Lafayette mécontent, dépose le commandement. — M. Chabroud est élu président (48e président.)

Adresse du département au roi, au sujet de l'événement rapporté ci-dessus. — Autre adresse de la municipalité.

Arrêté du département de Paris pour la location de l'emplacement des Jacobins, à la société des Amis de la Constitution.

19 *Ass. nat.* Le roi prononce un discours relatif au désir qu'il a manifesté et qu'il a voulu effectuer de se rendre à Saint-Cloud. —L'assemblée décrète des écoles gratuites pour la marine.

Journal de Mercier.

20 Installation du tribunal suprême de cassation.

21 Mémoire sur la Mendicité, par Bennefroy. (Mon.)

Mémoire sur la culture des jachères, par Ménuret. (Mon.)

Il Tamburno Notturno, opéra, musique de Paësiello, au théâtre de Monsieur. (Mon.)

L'Imprimeur, ou la Fête de Franklin, par Desfontaines, au même théâtre. (Mon.)

22 Lettre du ministre Delessert au département de Paris, annonçant que le roi a fait connaître aux puissances étrangères ses sentimens pour la constitution.

Avril

Economie civile et rurale, par l'abbé Delalauze. (Mon.)

Elémens de l'Art de la Teinture, par Berthollet. (Mon.)

Guillaume Tell, par Sedaine, musique de Grétry, au théâtre Italien. (Mon.)

23 Lettre de M. de Montmorin, ministre des affaires étrangères, aux ambassadeurs de France dans les cours étrangères, pour leur faire part que le roi a prêté serment à la constitution; autre adressé, au nom du roi, au peuple français, sur les abus de l'ancien régime.

Lafayette donne sa démission de commandant de la garde nationale parisienne; tout l'état-major suit son exemple. La municipalité et un grand nombre de bataillons se rendent chez lui pour l'engager à la retirer. Il cède à leurs vœux, le 26 avril, après avoir prononcé un discours au conseil de la commune de Paris; il s'étonne de l'importance que l'on met, dans un pays libre, à un individu.

Plusieurs bataillons de Paris renouvellent le serment d'obéissance à la loi.

24 *Ass. nat.* M. Rewbel président (49e président).

25 Licenciement de la compagnie soldée de grenadiers du bataillon de l'Oratoire, qui s'était opposée au voyage du roi à Saint-Cloud.

Eloge de Vauban, par Noël. (Mon.)

26 Députation de la garde parisienne à Lafayette; elle se rend avec lui chez le roi.

27 *Ass. nat.* Organisation du ministère en six départemens, savoir: De la justice, de l'intérieur, des contributions, de la guerre, de la marine, et des affaires étrangères.—Rapport sur l'organisation de la garde nationale.

Henri VIII, tragédie en cinq actes, de Chénier, jouée sur le théâtre de la Nation. (Mon.)

28 Intrigues amoureuses des rois de France, depuis Charlemagne jusqu'à Louis XV, par un anonyme. (Mon.)

Préservatifs contre le schisme, par l'abbé Delarière. (Mon.)

29 *Ass. nat.* Adresse des marchands de Paris, en faveur des assignats de petites coupures.

Les genres poétiques, poëme. (Mon.)

30 *Ass. nat.* Les cendres de Voltaire seront déposées au Panthéon.

Troubles à Saint-Sulpice. *(Mon.)*

Mai

1er Suppression des barrières et des droits d'entrée, dont le décret préparatoire avait été rendu par l'assemblée le 19 février.

Fabrication de la monnaie avec le métal des cloches.

Lettre de Ginguené sur les confessions de J.-J. Rousseau.

3 L'effigie du pape est brûlée au Palais-Royal, à raison des troubles et des massacres qui ont eu lieu à Avignon, occasionnés par les prêtres réfractaires. On dénonce l'évêque de Vaison, qui, à raison d'un léger triomphe obtenu par son parti, a fait chanter un *Te Deum* en action de grâces.

La Vieillesse d'Annette et Lubin, opéra comique, par Favart, musique de Jadin, au théâtre de Monsieur.

Mai

*Révolution en Pologne. La couronne jusqu'alors élective, est dé-
clarée héréditaire.

4 Siége de Carpentras par les Avignonais.
Examen du principe de l'inviolabilité des députés, par Lacroix. (mon.)

6 *Ass. nat.* Décret pour la fabrication d'assignats de cinq livres et leur
échange, à bureau ouvert, contre de la monnaie de cuivre.

7 *Ass. nat.* Discours de Sieyès sur la liberté religieuse. L'assemblée
proclame la liberté des cultes. — M. Dandré est élu président
pour la 3e fois (50e président). Sur la proposition de Regnaud
d'Angely, l'assemblée décrète que les restes de Voltaire seront
transportés provisoirement dans l'église de Romilly, en atten-
dant que l'assemblée ait statué sur les honneurs à rendre au philosophe de Ferney.
Etablissement du Journal des Débats, de la société des Amis de la Constitution, séante aux Jacobins. (Mon.)

9 *Ass. nat.* Rapport de Chapelier sur les droits de pétition et d'affiche.

10 *Ass. nat.* L'assemblée consacre le droit de pétition. —Décret sur le
rapport d'Alexandre Lameth, pour la suppression de la prévôté
de l'hôtel et sa création sous le titre de gendarmerie nationale.

13 *Ass. nat.* Décret sur le rapport de Gossin, pour l'établissement des
tribunaux de paix et leur mise en activité.

14 *Ass. nat.* Décret portant qu'il sera délivré des brevets d'invention
aux auteurs des découvertes utiles.

15 *Ass. nat.* Décret sur la proposition de Grégoire qui admet les gens
de couleur, résidant dans les colonies et nés de parens libres, à
l'égalité des droits avec les blancs. — L'assemblée refuse de
s'occuper de l'état des gens de couleur qui ne sont pas nés de
père et mère libres, sans le vœu des colonies.

16 *Ass. nat.* Les membres de l'assemblée nationale sont déclarés non
rééligibles à la prochaine législature.

17 *Ass. nat.* Décret qui autorise le commerce de l'or et de l'argent.—
Les Avignonais demandent d'être réunis à la nation française.
M. Thevenard est nommé au ministère de la marine au lieu de M.
de Fleurieu.
Marius à Minturne, tragédie de M. Arnault, jouée sur le théâtre de la Na-
tion.

18 *Ass. nat.* Les membres d'une législature pourront être réélus à la
législature suivante, mais ils ne pourront être réélus de nouveau
qu'après un intervalle de deux années.
Arrêté du département de Seine-et-Oise, ordonnant la poursuite
des violences exercées lors du départ des équipages de Mesdames
et déclarant qu'il n'y a pas lieu à inculpation contre Berthier,
commandant de la garde nationale de Versailles, et Villetrois
capitaine.

20 M. de Lafayette ayant été accusé par Desprémenil, dans une des
séances de l'assemblée, d'avoir vendu des nègres; il fait paraître

     sa justification, et fait connaître les essais qu'il a tentés dans la Guyanne française pour rendre la liberté à cette classe d'hommes infortunés.

20 Traité de Mantoue conclu par le comte de Durfort, entre l'empereur d'Allemagne, la Sardaigne, l'Espagne et les Suisses, pour envahir la France.

21 *Ass. nat.* Adresse de Th. Raynal, remise par lui-même au président de l'assemblée nationale, et lue en séance publique.

    La Scuola de Zalosi, opéra, musique de Saltéri, au théâtre de Monsieur. (Mon.)

22 *Ass. nat.* M. Bureau de Puzy est élu président pour la 3ᵉ fois (51ᵉ président.)

    M. Tarbé succède à M. Delessert dans le ministère des contributions.

23 *Ass. nat.* Rapport de Pelletier de St-Fargeau sur la réforme du code pénal.

    L'Ombre de Mirabeau, opéra, au théâtre Italien. (mon.)

26 *Ass. nat.* Décret qui accorde 25 millions au roi pour la liste civile. — Décret qui destine le Louvre et les Tuileries à l'habitation du roi et à la réunion des monumens des sciences et des arts.

    Recherches sur la nature et la cause de la richesse des nations, par Smith, traduction de Roucher, avec des notes de Condorcet. (mon.)

    De la richesse territoriale de la France, par Lavoisier. (mon.)

    Vie de Joseph Belsem, comte de Cagliostro, traduite de l'italien. (mon.)

27 *Ass. nat.* Décret relatif à la nomination des électeurs dans tous les départemens, pour la formation du corps législatif. — Rapport sur le code pénal.

    Mirabeau à son lit de mort, par Pujoulx, au théâtre de Monsieur.

30 *Ass. nat.* Voltaire est déclaré digne des honneurs décernés aux grands hommes. — Adresse de M. l'abbé Raynal à l'assemblée nationale.

31 *Ass. nat.* Par un décret, la peine de mort est réduite à la perte de la vie sans torture. — La ville de Carpentras demande sa réunion à la France. — Le régiment Dauphiné renvoie ses officiers.

Juin

1ᵉʳ *Ass. nat.* Décret qui défend aux tribunes de donner aucune marque d'approbation ou d'improbation.

2 *Ass. nat.* Fréteau communique une lettre de l'orateur Bingham, félicitant, au nom des représentans de la Pensylvanie, l'assemblée nationale de ses travaux. Il fait décréter que le président répondra à cette lettre, et que le roi sera prié de resserrer par de nouveaux traités les relations commerciales de l'Amérique et de la France. — Mouvement contre les prêtres non assermentés, aux Théatins. — Sur la proposition de Lepelletier, l'assemblée décrète qu'il y aura des travaux forcés auxquels les condamnés pourront être assujétis.

Juin

3 La bienfaisance de Voltaire, ou l'innocence de Calas reconnue, pièce jouée au théâtre de la Nation. (Mon.)

Della Vindemie, musique de Cazanigue, au théâtre de Monsieur.

4 *Ass. nat.* L'assemblée du nord de St-Domingue offre le tribut de sa reconnaissance à l'assemblée nationale.

5 *Ass. nat.* M. Dauchy (52e président). — Décret qui ôte au roi le droit de faire grâce.

Lettre d'André Chénier à Guillaume-Thomas Raynal. Il passe en revue les différentes contradictions qui existent entre ses ouvrages passés et sa Lettre à l'assemblée nationale. (mon.)

7 *Ass. nat.* Loi contre les régicides.

8 Choix des Mémoires secrets, pour servir à l'histoire de la république des lettres. (mon.)

9 *Ass. nat.* Les bulles, brefs, rescrits, etc. provenant de la cour de Rome, sont réputés nuls s'ils n'ont pas été approuvés par le corps législatif et le roi, et leur publication est défendue.

10 *Ass. nat.* Rapport de Bureau de Puzy sur le licenciement de l'armée.

Protestation secrète du roi contre la sanction du 2, et contre toutes acceptations qu'il avait été ou qu'il serait contraint de donner.

— Massacres à Avignon par les brigands, à la tête desquels est le célèbre Jourdan, surnommé Coupe-tête.

Nomination du député Duport à la place de président du tribunal criminel.

Lettres de Santex, relatives aux crimes religieux.

8 *Ass. nat.* Décret qui ordonne au prince de Condé de revenir en France sous quinze jours. — Décret ordonnant à tous les officiers des armées de terre et de mer de signer une déclaration d'obéissance et de fidélité à la constitution. — Décret prescrivant des mesures contre les embaucheurs à l'étranger.

Requête des juifs à la municipalité de Paris, pour jouir d'un temple et de leur état civil

12 Mort du grand Mogol, prétention du chef des Marates à lui succéder.

13 Le roi charge M. Duveyrier d'aller notifier au prince de Condé la loi qui lui ordonne de rentrer en France sous 15 jours.

14 Adélaïde et Mirval, comédie, par Patrat, musique de Trial fils, au théâtre Italien.

Encore des Ménechmes, par Picard, au théâtre de Monsieur.

Découvertes des Français dans le sud-est de la Nouvelle Guinée.

17 *Ass. nat.* Mention honorable des dames parisiennes, qui, le 7 septembre 1789, vinrent faire des offrandes patriotiques.

Castor, opéra, musique de Candeille, à l'Académie royale de musique.

18 *Ass. nat.* Suppression des charges de la maison du roi et de la reine.

L'Intrigue épistolaire, comédie en cinq actes, de Fabre d'Eglantine, jouée au théâtre Français.

Dénonciation des lettres écrites par M. le cardinal de Larochefoucault, archevêque de Rouen, dans son diocèse.

Le bruit se répand que le roi et sa famille sont enlevés. Louis XVI se plaint au maire de Paris de ce que de pareilles nouvelles jettent sur sa personne une défiance qu'elle ne mérite pas.

19 *Ass. nat.* M. de Beauharnais est élu président. (53ᵉ président). Il est reconnu, d'après un rapport fait à l'assemblée, que les domaines nationaux, à cette époque, excédaient un capital de 2 milliards 400 millions.

Le roi se présente au sein de la capitale avec la sécurité la plus parfaite. Le peuple, satisfait de voir le roi, oublie facilement le bruit répandu la veille, qu'il devait s'échapper de Paris.

Robespierre est nommé accusateur public du tribunal criminel du département de Paris. — D'après les refus de Duport, Bigot et d'André, élection de Pétion, Buzot et Faure aux places de président, et substituts de ce tribunal.

20 Translation des restes de Voltaire à Paris, et projet d'un plan de cérémonie pour le dépôt de ses cendres au Panthéon.

21 Fuite du roi, de la reine, de Mgr. le dauphin, de Mⁱˡˡᵉ royale, de Mᵐᵉ Elisabeth, de Monsieur et de Madame, munis de faux passeports.

La garde nationale est mise en activité.

Proclamation de la municipalité de Paris. (Mon. 22.)

Le capitaine Marchand découvre l'île Marchand, la baie de Possession, et les autres îles de la révolution.

Ass. nat. Le président annonce l'enlèvement du roi. Profond silence. Romeuf, aide-de-camp de Lafayette, envoyé à la poursuite du roi, annonce qu'il a été arrêté par le peuple. — On annonce que Cazalès est arrêté par le peuple. — L'assemblée envoie plusieurs membres à sa rencontre. — Lafayette paraît dans l'assemblée en uniforme. Rumeur à ce sujet. — Gouvion, chargé de la garde des Tuileries, fait son rapport. Lecture de la proclamation du roi, exposant les motifs de son mécontentement. — Décret qui enjoint au ministre de la justice d'apposer le sceau de l'état aux décrets de l'assemblée, sans qu'il soit besoin de la sanction ou de l'acceptation du roi.

Séance du soir. Plusieurs anciens nobles viennent à la barre renouveler leur serment, et protester de leur fidélité. — Toutes les autorités de Paris protestent de leur obéissance à l'assemblée.

22 Proclamation de l'assemblée nationale aux Français, sur les circonstances dans lesquelles l'a placée la fuite du roi.

Ass. nat. A neuf heures du soir, le président communique à l'assemblée une lettre de la municipalité de Varennes, annonçant l'arrestation du roi, à laquelle Drouet, maître de poste à Sainte-Menehould, a principalement concouru.

23 *Ass. nat.* L'assemblée envoie MM. de Latour-Maubourg, Pétion et Barnave, pour accompagner le roi dans son retour à Paris.

Une députation de l'assemblée nationale va à la procession du St-Sacrement.

Séance du soir. Lafayette, à la tête d'une députation de la garde nationale, prête le nouveau serment. Il est répété par un grand nombre de gardes suisses et de citoyens, au milieu des applaudissemens, et des instrumens qui jouent *ça ira.*

24 *Ass. nat.* Alex. Lameth présente un décret concerté avec le ministre de la guerre, Lafayette et Rochambeau, pour mettre à la disposition des généraux les gardes nationales des frontières, et les autoriser à suspendre les officiers de tout grade.

Les opérations des électeurs sont suspendues, eu égard aux circonstances.

Esprit de la révolution et de la constitution de France, par Louis-Léon de St.-Just, électeur du département de l'Aisne. (mon.)

25 *Ass. nat.* Rapport de Thouret, appuyé par Rœderer, pour assurer la garde du roi. — Vive discussion. — Mme Pagnon de Sedan envoie 300 liv. pour payer deux soldats. — Le bruit se répand que le roi entre aux Tuileries. — On annonce que les trois courriers qui sont revenus avec le roi sont sur le point d'être pendus. — Vingt députés sortent pour rétablir le calme. — Barnave rend compte de la mission des commissaires chargés de ramener le roi. — Le licenciement des gardes du corps est décrété.

Retour du roi, de la reine, de Mgr. le dauphin, de Mme royale et de Mme Elisabeth.

Le jardin des Tuileries est fermé.

26 *Ass. nat.* MM. Tronchet, Duport et Dandré sont nommés commissaires, à l'effet de recevoir les déclarations du roi et de la reine. — Décret portant que jusqu'à ce qu'il en ait été autrement ordonné, celui du 21 du courant continuera d'être exécuté, et les décrets scellés sans la sanction ou l'acceptation du roi.

Les séances de l'assemblée sont, pendant quelques jours, remplies par les adresses de toutes les villes et départemens du royaume.

28 Mort de Lamotte-Piquet, lieutenant-général des armées navales de France.

Lettre de Philippe d'Orléans, annonçant d'avance qu'il renonce à la régence, dans le cas où on la lui proposerait. (Mon.)

29 Les officiers municipaux de Quillebeuf arrêtent une quantité de marcs d'argent, que l'on se disposait à embarquer.

Réunion de Monsieur et de Madame à Bruxelles; arrivée en cette ville du comte d'Artois.

L'assemblée ordonne à l'unanimité de remettre à leur adresse les lettres adressées à M. d'Orléans, et autres, saisies lors de l'évasion du roi.

Un père de onze enfans demande à être placé dans le poste le plus périlleux, en cas de guerre.

30 *Ass. nat.* On décrète que toute l'armée prendra les couleurs nationales.

On passe à l'ordre du jour sur une lettre menaçante de Bouillé, adressée à l'assemblée, et datée de Luxembourg. — L'assemblée ordonne l'insertion au procès-verbal de la réponse du général Lafayette aux calomnies de Bouillé.

* Les Turcs sont battus par le général russe Kutusow.

Juillet

1er Suppression des administrateurs chargés des recettes et dépenses du trésor public, du paiement et des dépenses de la guerre, de la marine, des colonies, et de toutes les parties comprises sous le nom de dépenses diverses, décrétée le 16 août 1790. — Les commissaires de la trésorerie nationale leur sont substitués.

Jean Sans-Terre, tragédie en cinq actes, de Ducis, au théâtre Français.

Emilie de Vormont, ou le Divorce nécessaire, par l'auteur de Faublas.

Les Amours du curé Savin, par le même.

2 *Ass. nat.* Une dame de vingt ans envoie 500 liv. pour le soldat qui s'est le plus distingué lors de l'arrestation du roi.

3 *Ass. nat.* M. Charles de Lameth est élu président. (54e président.)

L'assemblée met 18,000 hommes de la garde nationale en activité, pour la défense des frontières. — Une dame remet à l'assemblée une somme de 280 liv. pour l'équipement d'un soldat.

Jean Calas, tragédie en cinq actes, de Chénier, au théâtre Français.

* Le prince Repnin bat les Turcs près de Maczin.

5 et 6 *Ass. nat.* Adresses de toutes les parties du royaume, annonçant des sermens de fidélité à la constitution.

* Lettre de l'empereur Léopold II, adressée à tous les souverains, en les invitant à réclamer la liberté de Louis XVI.

7 Le roi, instruit qu'il se fait en son nom des enrôlemens pour les corps d'émigrés qui se forment hors des frontières, envoie à l'assemblée nationale son désaveu formel.

Les habitans de Cognac font des souscriptions, et arrêtent que les terres de ceux qui partiraient pour l'armée seraient cultivées par ceux qui resteraient.

Vues nouvelles sur la contribution, par Chauvet, (moд.)

8 *Ass. nat.* L'assemblée décrète pour 4,337,554 liv. de liquidation. — Elle décrète qu'elle enverra une députation aux obsèques de Voltaire.

6 *Ass. nat.* Décret qui invite les émigrés à rentrer, et qui taxe à une triple imposition pour 1791 les biens de ceux qui ne seraient pas rentrés

sous deux mois, sauf les mesures plus sévères à prendre en cas d'invasion.

Réponse d'un ami des grands hommes aux envieux de la gloire de Voltaire ; par Gudin.

*Rassemblement des émigrés français à Coblentz. Le prince de Condé reçoit des recrues à son armée.

9 Deux cents membres, tant du clergé que de la noblesse, protestent contre le décret relatif au serment que, peu de temps avant, ils avaient prêté individuellement.

10 *Ass. nat.* Le président rend compte que d'après un ordre de Lafayette, on n'entrera plus aux Tuileries avec une carte de député. Montlausier demande que Lafayette soit mandé à la barre, pour rendre compte de sa conduite envers le roi et son auguste famille, et des outrages qu'il leur a fait éprouver. « Il est indécent, dit-il, qu'on mette des sentinelles jusque sur les toits. »

Le Chevalier de Labarre, par Marsollier, pièce jouée au théâtre Italien. (Mon.)

Observations sur les effets des vapeurs méphytiques, par Portal.

Les Crimes des Parlemens, par Percin.

De la Balance du Commerce, par Arnoult.

De l'Esprit des Religions, par Bonneville.

11 Les cendres de M. de Voltaire sont portées au Panthéon avec solennité.

13 Les membres du tribunal de cassation offrent d'entretenir au moins chacun un garde national pendant tout le temps de l'exercice de leurs fonctions.

Détail de la cérémonie funèbre pour la translation de Voltaire au Panthéon. (Mon.)

14 Fédération au Champ-de-Mars, célébrée par la garde nationale de Paris.

Ass. nat. Discussion sur l'inviolabilité de la personne du roi.

Discours de Brissot, prononcé à l'assemblée des amis de la constitution, sur la guerre qui paraît menacer la France ; et sur ses immenses ressources. Il passe en revue toutes les puissances de l'Europe, et cherche à prouver que la France n'a rien à craindre d'elles. (Mon.)

15 *Ass. nat.* L'assemblée ordonne que M. Bouillé et ses complices seront jugés par la haute cour nationale provisoire, séante à Orléans. Elle ordonne également l'impression d'une lettre du ministre de la guerre, annonçant des mesures de défense aux frontières.

*Mémoire en forme de manifeste, adressé par le prince de Condé à l'assemblée nationale et au peuple français, en réponse au décret qui le concerne.

16 *Ass. nat.* Décret portant que celui du 23 juin, qui suspend l'exercice du pouvoir exécutif dans les mains du roi, subsistera jusqu'au moment que la constitution lui sera présentée. — Motion de d'André contre les perturbateurs du repos public, et vive discussion sur la société des jacobins.

17 *Ass. nat.* M. Defermont est élu président. (55e président.)

Un grand nombre de personnes de l'un et de l'autre sexe s'attroupe au Champ-de-Mars, sous le prétexte de faire une pétition contre le décret de la veille, qui, au lieu de juger le roi sur sa fuite, le suspend de l'exercice de son pouvoir. — Le corps municipal arrête que la loi martiale sera publiée; aussitôt le drapeau rouge est exposé à une des principales fenêtres de la maison commune. — Le soir, à six heures, le corps municipal apprenant que l'attroupement continue toujours, se rend avec un détachement de la garde nationale, au Champ-de-Mars; mais à peine y est-il entré, qu'il est assailli par des coups de pierres; la garde riposte par des coups de fusil; plusieurs personnes sont tuées, d'autres blessées.

18 *Ass. nat.* Il est constaté que les dons patriotiques montaient, le 1ᵉʳ juillet 1791, à la somme de 120,397,562 l. 19 s. 7 d. — Décret contre les perturbateurs.

Arrestation d'un individu qui avait tiré sur M. de Lafayette. Le général lui pardonne.

Le Divorce, comédie de Dumoutier, jouée au théâtre Feydeau.

Le comité des recherches fait arrêter, pendant la nuit, neuf personnes, toutes étrangères, parmi lesquelles se trouvent les nommés Ephraïm et Rotondo, le premier se disant chargé d'une mission du roi de Prusse.

20 Recherches sur les costumes anciens et modernes. (Mon.)
Lodoïska, opéra en trois actes, au théâtre Feydeau. (Mon.)

21 *Ass. nat.* L'assemblée décrète la liberté du commerce du Levant. — Elle accorde le local des ci-devant Célestins pour les écoles des sourds-muets et des aveugles-nés; plus, 12,700 liv. et vingt-quatre pensions.

22 *Ass. nat.* M. Duverrier rend compte de sa mission près des princes de Condé, comme inutile. — Rapport sur l'armée et les moyens de guerre. — Quatre-vingt-dix-sept mille hommes de garde nationale sont mis en activité. — Le papier blanc est exclusivement réservé pour les affiches des actes de l'autorité publique.

26 *Ass. nat.* Décret qui soumet la ville de Marseille aux droits, ainsi que les autres ports.

*Le général espagnol Cabreras est tué au siége d'Oran, par les Maures.

27 *Traité de Pilnitz entre l'Allemagne, la Prusse et la Saxe, sur les affaires de France. (D'autres le placent en août.)

J.-J. Rousseau est déclaré digne des honneurs du Panthéon.

*Marche de cinquante mille Autrichiens vers les Pays-Bas. A h

30 *Ass. nat.* Sur la proposition de Rœderer, l'assemblée supprime tout ordre de chevalerie, toute corporation, toute décoration; tout

signe extérieur, toute qualification qui supposent des distinctions de naissance.

31 *Ass. nat.* M. Alexandre Beauharnais élu président pour la 2ᵉ fois. (56ᵉ président.) L'assemblée décrète que les ministres se rendront à ses séances, de deux jours l'un, pour y rendre compte de leur travail. — On annonce que six mille gardes nationaux de Strasbourg partagent le service des troupes de ligne.

La Ligue des Fanatiques et des Tyrans, tragédie nouvelle, par Ronsin. (Mon.)
Le Postillon par Calais.
Journal général de l'Europe.
Traité du tribunal de Famille.

Août

1ᵉʳ Huit jours n'étaient pas encore écoulés depuis la mise en activité des gardes nationales, que déjà plusieurs bataillons de la garde nationale parisienne avaient été formés, exercés et passés en revue dans la plaine de Grenelle.

De la liberté indéfinie de la Presse, par Lanthenas. (Mon.)
Louis XIV jugé par un français libre, ouvrage de Lavallée, ancien officier au régiment de Bretagne. (Mon.)
De la monarchie française, par Baumier. (Mon.)

3 Lettre de Condorcet en faveur de la liberté de la presse, et contre la prohibition des journaux, quoiqu'attaqué lui-même par plusieurs journalistes. (Mon.)

4 *Ass. nat.* L'assemblée décrète l'arrestation des prêtres qui ne se conformeraient pas aux lois.

*Paix de Szistowa en Bulgarie, entre l'Autriche et la Porte.

De la balance du commerce, et des relations commerciales de la France, par Arnoult.
La Veuve de Calas à Paris, comédie, par Pujoulx, au théâtre Italien.
Lodoïska, opera en trois actes, musique de Lesueur.

5 *Ass. nat.* M. de Lafayette propose de charger le comité de constitution de présenter un décret pour les formes dans lesquelles l'acte constitutionnel sera présenté à l'acceptation la plus libre du roi. Décret relatif à la déclaration des droits de l'homme et du citoyen. L'assemblée décrète qu'il n'y a pas en France d'autorité supérieure à celle de la loi. — La nation française renonce à entreprendre aucune guerre dans la vue des conquêtes, et n'emploiera jamais ses forces contre la liberté d'aucun peuple.

Mémoires de la Vie privée de Benjamin Franklin, écrits par lui-même.

7 Mandement du pape Pie VI à Louis XVI, pour le féliciter de son heureuse évasion. (Mon.)

8 De la souveraineté du peuple, par Théophile Mandar.

Ass. nat. Discussion et adoption de l'acte constitutionnel par articles. (Cette discussion remplit tout le mois.) Adoption de la déclaration des droits. — (Nous ne détaillons pas les séances suivantes, qui ont eu pour objet la révision de la constitution; il était presque impossible de les analyser de manière à leur conserver quelqu'intérêt. Il faut les lire dans le *Moniteur*. Du reste, cette révision fit peu d'honneur à ses auteurs, les Lameth, Barnave, Dandré, Duport.)

11 *L'impératrice de Russie s'empare de la souveraineté d'Oktzakow, et du pays entre le Bug et le Dniester.

14 *Ass. nat.* M. Victor Broglie, 57° président.
Discours du ci-devant duc de Chartres à la société patriotique de Vendôme ; il sauve la vie à un citoyen de cette ville.

15 Les costumes religieux, hors du temple, sont supprimés.

17 Négociations entre les princes français fugitifs, et un parti existant au ministère et dans l'assemblée nationale. Adresse dite des Bons Français à Louis XVI.
Il Finto Cicco, opéra, musique de Gazzanigue, au théâtre Feydeau.
*Préparatifs militaires dans le pays de Luxembourg contre la France.

18 Deux millions sont destinés à récompenser ceux qui ont concouru à l'arrestation du roi. Drouet, maître de poste à Ste-Menehould a 30,000 liv. La commune de Varennes a deux canons et un drapeau.

22 Etablissement de la caisse d'Epargnes du sieur Lafarge.
*Les nègres de Saint-Domingue, soulevés par des émissaires envoyés de France, incendient la plaine du Cap. Jean-François est le chef des nègres, Toussaint Louverture un de ses lieutenans.

23 Une conspiration des noirs éclate à Saint-Domingue. — Un grand nombre de blancs sont égorgés.
Ass. nat. Vive discussion sur la liberté de la presse. Pétion, Robespierre et Rœderer s'opposent au projet du comité, qui est adopté avec un léger amendement.

24 *Ass. nat.* Discussion sur la garde du roi.
*Nouvelle qui annonce qu'une tribu de cinquante mille Arabes s'est emparée de la Mecque, a pillé tous les trésors et déposé le shériff.

26 Départ pour Saint Domingue des commissaires du roi Mirbeck, Rousse, Saint-Laurent, et Saint-Léger.

27 J.-J. Rousseau, déclaré digne des honneurs décernés aux grands hommes, est transporté au Panthéon.
Une députation des dames de la halle de Paris vient offrir des dons à l'assemblée nationale.
*Entrevue de Léopold II, empereur d'Allemagne, et de Frédéric-Guillaume ; Calonne et Bouillé sont présens.

28 Le Théisme, par Deferrières, député de Saumur.
Mirabeau peint par lui-même, ou Recueil de ses discours et motions, par un anonyme.

29 Traité de Pilnitz entre l'empereur et le roi de Prusse, pour comprimer le cours de la révolution.

30 *Ass. nat.* Décret portant que la nation a le droit imprescriptible de revoir sa constitution quand il lui plaît. L'assemblée déclare que

Août

> son intérêt l'invite à suspendre l'exercice de ce droit pendant trente ans.

31 *Ass. nat.* M. Vernier, 58ᵉ président.

Septembre

1ᵉʳ *Ass. nat.* Discours prononcé par de Croy, pour que l'acte constitutionnel soit présenté à l'acceptation du roi. (Ce discours fit la plus vive impression.)

2 Commencement de la deuxième assemblée électorale du département de Paris, pour la nomination des membres du corps législatif et de leurs suppléans. Elle termine cette opération le 7 octobre suivant. Ensuite, elle nomme aux dix-huit places d'administrateurs du département, vacantes par le sort, et à celle de procureur-général syndic. Elle reprit ses fonctions en 1792, pour la nomination de quelques curés et juges suppléans, et les cessa définitivement le 12 août de la même année. Cette assemblée a duré 11 mois 12 jours.

3 Fin de la constitution, et sa présentation au roi par une députation de soixante membres de l'assemblée.

4 Le jardin des Tuileries est ouvert au public, et toutes les consignes sont levées.

Un mauvais esprit règne dans le département de la Vendée.

* Arrivée du comte d'Artois à Vienne.

5 Réunion volontaire de la Corse à la France.

7 Monsieur frère du roi, demande à Montesquiou sa démission de premier écuyer, à cause de sa conduite depuis le 21 juin. Montesquiou la lui fait passer.

8 *Ass. nat.* Des départemens annoncent que les volontaires excèdent le contingent prescrit et que leur ardeur pour la défense de la patrie est sans bornes.

9 Avignon sollicite de nouveau sa réunion à la France.

10 Jean Hennuyer, drame de Mercier, joué sur le théâtre français.

* Publication d'une pièce à Francfort, par laquelle les cours de Londres, Vienne, Madrid, Pétersbourg, Berlin, etc. demandent que le roi de France et sa famille soient sur-le-champ mis en liberté; elles menacent de venger de la manière la plus éclatante tous les nouveaux outrages qui lui seront faits.

11 Collection complète des travaux de Mirabeau, par Mejean.

Voyage en Espagne, pendant les années 1786 et 1787.

12 *Ass. nat.* M. Thouret est élu président pour la quatrième fois. (59ᵉ et dernier président.)

Les Ruines, ou méditations sur les révolutions des empires, par Volnay.

13 *Ass. nat.* L'assemblée suspend toutes poursuites relatives aux événemens de la révolution et de l'évasion du roi. — Le roi écrit à l'assemblée nationale qu'il accepte la constitution. — D'après les désirs du roi qui accepte la constitution, et sur la motion de Lafayette, l'assemblée décrète par acclamation une am-

nistie générale pour délits politiques ainsi que l'abolition des passeports.

14 *Ass. nat.* le roi se rend dans le sein de l'assemblée nationale, et accepte la constitution. — L'assemblée en corps accompagne le roi jusqu'aux Tuileries.

—Décret qui porte qu'Avignon et le comtat Venaisin font partie intégrante de l'empire français.

Lettres du comte de Lille et du comte d'Artois au roi.

15 *Ass. nat.* Décret pour la proclamation de la constitution et que son achèvement soit célébré par une fête.

Discours de M. Bailly comme maire de Paris au roi et à la reine.

Minerve, ouvrage périodique, en faveur de la révolution, publié à Copenhague. (Mon.)

17 *Ass. nat.* Suppression de toutes les chambres des comptes du royaume. Un bureau de comptabilité est établi pour les remplacer; et néanmoins le corps législatif se réserve de voir et épurer définitivement les comptes de la nation.

Etudes de la Nature, par Bernardin de Saint-Pierre.

Ma République, par Desalles.

18 Mandement de M. l'évêque de Paris, qui ordonne un *Te Deum* dans toutes les églises du diocèse.

Fête dans le jardin des Tuileries, donnée par le roi, pour l'achèvement et l'acceptation de la constitution.

19 M. Bailly donne sa démission de la place de maire, mais cédant aux instances de la municipalité, il consent à la conserver jusqu'au mois de novembre, temps des élections.

20 Suppression du tribunal provisoire établi à Orléans.

Création de cours martiales dans divers ports de France.

Etablissement de commissaires-ordonnateurs, grands militaires, etc.

22 La société des amis de la constitution, séante aux Jacobins, propose pour le meilleur almanach, dont le but est de faire sortir les [illegible] la constitution.

23 *Ass. nat.* Décret sur les colonies.

25 *Ass. nat.* L'assemblée décrète la réunion de la première législature pour le 1er octobre 1791.

Discours de M. Hervier augustin, prononcé dans l'église métropolitaine et paroissiale de Notre-Dame de Paris, entre la messe et le Te Deum en actions de grâces de l'acceptation de la constitution.

Moyens de défenses établis sur la frontière. (Mon.)

28 *Ass. nat.* Rédaction définitive du décret sur l'existence politique des juifs. —Tout homme, de quelque couleur qu'il soit, qui atteindra le territoire français, sera libre. — Les tableaux de Desilles et du jeu de paume seront faits aux frais du trésor public.

—A dater du 1er janvier 1792, l'armée sera composée de 110,000 hommes d'infanterie et de 50 mille de cavalerie, non compris

Septembre

l'artillerie et le génie.—Adjonction à l'armée de 100,000 hommes de gardes nationales.

Proclamation du roi sur son acceptation de la constitution.

Départ de Brest du capitaine d'Entrecasteaux, commandant les corvettes la Recherche et l'Espérance, envoyées à la recherche de Lapeyrouse.

29 Décret sur les sociétés populaires. — Mesures contre les clubs. — Les biens nationaux évalués à 3 milliards 500 millions. — L'assemblée décrète les contributions de 1792 sur la base de celles de 1791. — Décret sur l'organisation de la garde nationale.

Le roi rappelle les émigrés.

Discours au roi, prononcé par Garran Coulon, président du tribunal de cassation. Réponse de Louis XVI. (Mon.)

30 *Ass. nat.* Clôture et dernière séance de l'assemblée nationale. — L'assemblée décrète que le roi sera invité à donner son portrait pour qu'il soit placé dans la salle du sénat. Le roi se rend avec plaisir à ce vœu, et envoie de suite son portrait, représentant aussi son fils qui reçoit de ses mains l'acte constitutionnel. Le roi vient lui-même à l'assemblée et renouvelle ses protestations d'attachement à la constitution.

Discours d'hommages de la municipalité de Paris à l'assemblée nationale.

Proclamation de la constitution, par Delabaie, roi d'armes des Français, et quatre hérauts d'armes.

*L'Espagne rend Oran à l'empereur de Maroc.

C'est pendant l'assemblée nationale qu'on introduit les dénominations des jacobins, des cordeliers, des dantoniens, des orléanistes, des feuillans, etc.

Sans date.

En Afrique, Sidi Mahomet, empereur de Maroc, fameux par son avarice et ses cruautés, meurt après un règne de 33 ans. Son fils Muley Ismael lui succède.

En Asie, guerre entre Tippo-Saëb et les régences de Bombay et Madras.

*Constitution des Etats-Unis d'Amérique qui réforme celle de 1775, donne plus d'étendue au congrès et au président.

Publication de la deuxième édition de l'Art de vérifier les dates.

Nouvelle application de l'analyse à la géométrie, de Monge.

Etablissement de la banque des Etats-Unis.

Invention des télégraphes, par Chappe.

Montgolfier perfectionne la fabrication de la céruse.

Découverte des huit classes d'étoiles, connues sous le nom de nébuleuses.

*Yssouf, grand-visir de Sélim III, fait traduire l'Encyclopédie en langue turque.

Voyage autour du monde, par le chevalier espagnol Malespina. Sa relation est arrêtée et cachée par la cour de Londres.

TABLETTES CHRONOLOGIQUES

DE LA

RÉVOLUTION FRANÇAISE.

TROISIÈME ÉPOQUE.

ASSEMBLÉE LÉGISLATIVE. (1ᵉʳ OCTOBRE 1791—20 SEPTEMBRE 1792.)

Première séance de l'Assemblée législative.

Octobre

1ᵉʳ *Ass. nat.* Appel nominal des députés inscrits. — Formation provisoire du bureau. — Débats sur la vérification des pouvoirs. L'assemblée se compose de 745 membres. Près de quatre cents sont
des avocats, et 70 des prêtres constitutionnels.

2 *Ass. nat.* L'assemblée se constitue en assemblée nationale législative. Elle prête le serment de vivre libre ou mourir.

Les émigrés se réunissent à Coblentz.

* Défaite de l'escadre turque dans la Mer Noire par l'amiral Out-
chakow.

3 *Ass. nat.* M. Pastoret est élu président (1ᵉʳ président).

Comme parmi les nouveaux députés il y en avait quelques-uns dont le costume
n'était pas brillant, quelques-uns de leurs prédécesseurs se permirent des sar-
casmes ; ils allèrent jusqu'à dire : « A peine si les nouveaux législateurs ont
une culotte au c... » Ce propos fut entendu, et plusieurs députés entrans
répliquèrent : « Nous nous faisons honneur d'être des sans-culottes... L'habit
que nous portons est à nous, et ce n'est pas aux dépens de la sueur du peuple
que nous sommes vêtus. » Cette manière de se populariser fit fortune dans
le public, et chacun voulut être un sans-culotte. De là vint le nom de *Sans-
Culotte*.

Le comité des recherches de la commune Paris , cesse ses fonctions.

Proclamation de Louis XVI, au sujet de l'acceptation de la constitution.

4 *Ass. nat.* L'assemblée décide que les membres les plus âgés iront
chercher aux archives l'acte constitutionel pour la prestation du
serment prescrit aux législatures, à l'instant où elles entreront
en fonction. — Ces vieillards, escortés de gendarmerie et précé-
dés de M. Camus l'archiviste, reviennent et montent à la tribune, où se dépose la constitution. Tous les membres appelés
successivement s'approchent, et la main posée sur le texte, jurent
de maintenir la constitution jusqu'au dernier soupir : après quoi

la constitution est reportée aux archives de l'assemblée avec la
même pompe avec laquelle elle en avait été tirée. M. Cérufi
membre de la députation de Paris, propose de décréter des re-
merciemens à l'assemblée constituante ; sa motion est accueillie par une acclamation unanime et aux applaudissemens uni-
versels.

M. Bertrand est nommé ministre de la marine à la place de M. Thevenard.

Lettre de Rochambeau à Louis XVI, annonçant la prestation du serment par l'armée du Nord. —— Réponse du roi.

Le Club des Bonnes gens, pièce de Beffroy-Regny, dit le Cousin Jacques, au
théâtre Feydeau. (Mon.)

Dictionnaire raisonné d'histoire naturelle, par Valmont de Bomare. (Mon.)

5 *Ass. nat.* Décret portant que lorsque le roi sera reçu dans le sein de
l'assemblée ; l'expression de roi des Français sera substituée à celle
de sire et de majesté ; et qu'il s'asseiera à côté du président, dans
la même ligne et sur un fauteuil semblable.

Ordre de la section des Quatre-Nations, à Paris, en faveur de M. de Lafayette.

Antiquités nationales, par Millin. (Mon.)

Vie du capitaine Thuret, par un anonyme. (Mon.)

Adresse aux députés de la seconde législature, par l'abbé Grégoire, imprimée
par ordre de la société des amis de la constitution de Paris. (Mon.)

Les Espiégleries de garnison. musique de Champain, au théâtre Italien.
(Mon.)

6 *Ass. nat.* Le décret rendu la veille, pour le cérémonial à observer
lorsque le roi viendrait dans le sein de l'assemblée, est rapporté
après une discussion très-vive. —— Vosgien, Robercourt, Hérault de Sechelles, Champion, Ducastel, pour le rapport du décret. —— Vergniaux, Lequinio, Reboul, Girardin, Ducos, autres
contre. —— Décret qui conserve les huissiers de l'ancienne assemblée et une tribune au journal ayant pour titre le Logographe.
Pelloy fait hommage des bustes de J.-J. Rousseau et Mirabeau, sculptés sur des pierres de la Bastille.

Anecdotes du règne de Louis XVI. (Mon.)

7 *Ass. nat.* Discussion sur les étrangers et les gardes nationales qui
pénètrent dans la salle. Le roi annonce la nomination de
Molleville au ministère de la marine, à la place de Thevenard. ——
Discours de Bailly maire de Paris. —— Couthon dénonce les prêtres
réfractaires. —— Entrée de Louis XVI dans l'assemblée. —— Son discours et celui du président.

8 M. de Lafayette donne sa démission de commandant de la garde
nationale parisienne, et écrit aux citoyens soldats une lettre dans
laquelle il les prémunit contre les suggestions de la malveil-
lance.

9 *Ass. nat.* Rapport de MM. Gallois et Gerronne, commissaires envoyés dans les départemens de la Vendée et des Deux-Sèvres, en
vertu des décrets de l'assemblée constituante des 16 juillet et 8

août 1791. Organisation des bureaux et des comites. Rapport des commissaires de la trésorerie.

On chasse de Coblentz un émigré français, imprimeur d'un écrit intitulé; secrets, causes et agens des révolutions de France.

Nantilde et Dagobert, opéra de Piis, musique de Cambini, au théâtre Louvois.

Histoire d'Angleterre, depuis l'avénement de Jacques II jusqu'à la révolution, avec des notes de Mirabeau.

10 Agnès et Olivier, paroles de Monvel, musique de Dalayrac, au théâtre Italien.

11 Les bataillons de la garde parisienne offrent à M. de Lafayette une épée à garde d'or, en reconnaissance de ses services.

Ass. nat. L'assemblée adopte le règlement de l'assemblée constituante.

12 Arrêté du directoire du département de Paris, au sujet de la liberté des cultes.

Ass. nat. Le clergé de Paris, l'évêque en tête, présente ses hommages. — Le ministre des contributions publiques donne l'état de son département.

Lettre d'un publiciste de France à un publiciste d'Allemagne, pamphlet par de Calone, émigré.

Service célébré par les protestans, à l'occasion de l'achèvement et de l'acceptation de la constitution, en leur temple, rue Saint-Thomas-du-Louvre. — Discours de M. Maron, ministre du saint Evangile, et pasteur des protestans de Paris.

14 Proclamation du roi aux émigrés, pour les convaincre de sa parfaite adhésion à l'acte constitutionnel et les engager à s'y rallier.

15 *Ass. nat.* Goupilleau demande une loi sévère contre les émigrés. — Audrein dénonce le ministre d'Espagne en France.

L'ambassadeur français à Vienne, M. de Noailles, reprend toute sa dignité, à la nouvelle de l'acceptation de la constitution par Louis XVI.

Éloge de J.-J. Rousseau, par Thierry.

La municipalité de Paris arrête qu'il sera frappé une médaille d'or en l'honde Lafayette, et qu'il lui sera fait présent de la statue de Washington.

*On écrit de Rome que Loménie de Brienne, archevêque de Sens, est rayé du nombre des cardinaux, à la suite d'un consistoire secret.

*Les états-généraux de Hollande écrivent de la Haye à Louis XVI, qu'ils le félicitent d'avoir accepté la constitution.

Lettre et proclamation du roi sur l'émigration qui se multiplie dans les corps de marine.

Lettres du roi aux princes ses frères pour les rappeler en France.

Sur le gouvernement en général, et en particulier sur celui qui nous convient, par Athanase Auger. (Mon)

16. Horribles massacres à Avignon. Jourdan, dit coupe tête, est le chef des égorgeurs.

17 *Ass. nat.* Ducastel est élu président.

18 Deuxième arrêté du directoire du département de Paris, au sujet de la liberté des cultes.

20 *Ass. nat.* Discussion relative aux émigrations.—Discours remarquable de Brissot.—Frochot, exécuteur testamentaire de Mirabeau est admis à la barre. Il annonce que Mirabeau est mort insolvable et demande que ses funérailles soient payées par le trésor public. Impression.

21 *Ass. nat.* Sur les prêtres réfractaires et perturbateurs. Ce jour, l'assemblée commence à tenir des séances du soir.
L'Ami des Citoyens, par Tallien. (1er numéro.)

22 *Ass. nat.* Suite de la discussion sur l'émigration.
Les émigrés soutiennent et font imprimer dans des pamphlets à Bruxelles, que Louis XVI n'est pas de bonne foi dans l'acceptation de la constitution.

24 *Ass. nat.* Suite de la discussion sur les prêtres perturbateurs. Lemontey demande la prestation du serment civique pour le paiement du traitement des curés.

25 *Ass. nat.* Suite de la discussion sur l'émigration; opinion de Condorcet et de Vergniaud.—Pastoret démontre le droit qu'a le corps législatif, de faire une loi contre les émigrans.

27 Arrêté du directoire du département de la Charente-Inférieure, au sujet de la liberté des cultes.
Insurrection en Alsace.

28 *Ass. nat.* Clôture de la discussion sur l'émigration. — Décret qui requiert Monsieur, frère du roi, de rentrer en France dans le délai de deux mois, faute de quoi, il est déchu de son droit éventuel de régence.
Départ des frégates la Recherche et l'Espérance, sous le commandement de d'Entrecasteaux, pour la recherche du navigateur La Pérouse.

29 *Ass. nat.* Le ministre de la guerre mandé par l'assemblée, vient à la barre et répond aux questions du président.

30 *Ass. nat.* M. Vergniaux est élu président.
Renvoi fait par Loménie de Brienne du chapeau de cardinal.

31 *Ass. nat.* Sur la proposition de Vaublanc. L'assemblée autorise une nouvelle rédaction du décret relatif à Monsieur, décide qu'il n'y a pas lieu à délibérer sur le projet de décret relatif aux émigrations, et charge le comité de législation d'en présenter un autre sous trois jours, — Rédaction définitive du décret relatif à Monsieur. — Rapport du ministère de la marine sur l'état des forces navales : 246 bâtimens, dont 86 vaisseaux de ligne, 78 frégates, etc.; 80,000 officiers ou matelots.
Ségur ministre de France à Pétersbourg, accepte et refuse de suite le ministère des relations extérieures . . . .

1er. *Ass. nat.* Rapport et décret sur une nouvelle émission de 300 millions d'assignats. —Rapport du ministre de l'intérieur.
Il y a 14,000 millions d'assignats émis jusqu'à ce jour.

Novembre.

Formation du bureau central d'administration du commerce.

4 Le général américain St-Clair est surpris par les Indiens, soutenus des Anglais.

5 *Ass. nat.* Décret portant que les funérailles de Mirabeau seront payées par le trésor public.—Opinion de Gensonné sur la liberté des cultes.

Zélia, paroles de Dubuisson, musique de Dalayrac.

Les habitans des Landes offrent à Kellermann une couronne civique. (Mon.)

6 *Ass. nat.* On lit une lettre des consuls français à Alger, et une autre du ministre de la marine, annonçant la guerre avec le dey d'Alger, malgré les sacrifices ordonnés par le roi. Renvoi au comité diplomatique.

Les Effets du libertinage, par Desade, pièce jouée au théâtre de Molière.

6 *Ass. nat.* Rapport sur les troubles dans les départemens de Mayenne et Loire.

7 *Ass. nat.* Envoi du testament du prêtre Martin Roch, qui lègue tous ses biens à l'assemblée pour l'établissement d'une maison d'instruction publique.

8 *Ass. nat.* Suite de la discussion sur les émigrés. Vaublanc s'indigne contre les princes qui, nourris chèrement par la nation, trament sa ruine.

9 *Ass. nat.* Décret qui séquestre les biens des princes français et condamne à mort les émigrés rassemblés au-delà des frontières, s'ils ne rentrent pas dans le royaume avant le 1er janvier 1792.

Massacres à Caen et arrestation de quatre-vingt-deux personnes.

11 Nouvelle lettre du roi aux princes, ses frères, pour les inviter à rentrer.

Nouvelles provocations à un combat singulier faites par Chauvigny à Charles Lameth.

Traité d'alliance entre le roi de Danemarck et l'impératrice de Russie.

Mort du prince Potemkin.

12 *Ass. nat.* Le roi refuse sa sanction au décret contre les émigrés. — Evasion et arrestation de Varnier.

Sentiment de la diète de Ratisbonne sur l'asile accordé aux émigrans. (*Mon.*)

Déclaration de la cour de Vienne aux autres puissances.

Le Dentiste, comédie jouée au théâtre de Molière. (Mon.)

15 *Ass. nat.* M. de Vaublanc est élu président (4e président).

M. de Lessart, ministre des affaires étrangères, à la place de M. de Montmorin.

M. Pétion est nommé maire de Paris; il obtient 6,708 suffrages sur 10,732 votans. Il avait pour concurrent M. de Lafayette. On dit que 80,000 citoyens actifs auraient dû voter.

16 *Ass. nat.* Rapport fait par le nouveau ministre, M. de Lessart,

faisant suite à celui du 31 octobre, des réponses des puissances étrangères à l'acceptation de l'acte constitutionnel.

Les Leçons de l'Histoire.
Testament politique de Joseph II, roi des Romains.
Système de la Raison, ou le Prophète philosophe, par Carré.

17 *Ass. nat.* Suite de la discussion sur les prêtres. Long discours de Corné en faveur des prêtres assermentés. — Vergniaud demande qu'on méprise la proposition de l'appel nominal et qu'on mette aux voix l'article 4 du projet de François de Neufchâteau, qui prive de leur pension les prêtres qui ne prêteraient pas le serment. Cet article est adopté.

*On assure que Léopold, en parlant de la révolution française, disait : « Je » vois que tous les états penchent vers la démocratie. »

18 Discours de M. Bailly, en présentant au conseil général de la commune M. Pétion, son successeur, et réponse de ce dernier, qui, le soir, va aux Jacobins les remercier de l'avoir fait élire.

L'Angleterre, à cette époque, manifeste sa haine contre la France.

19 L'Almanach du Père Gérard, ouvrage de Collot d'Herbois, qui a remporté le prix proposé par la société des amis de la constitution, séante aux Jacobins.

21 La haute cour nationale est mise en activité à Orléans.

22 Arrestation de Jourdan Coupe-Tête, par Bigonnet fils, dans la rivière de Sorgues, et de tous ses complices.

24 *Ass. nat.* Adresse du directoire du département de Loir-et-Cher, qui prévient l'assemblée d'une lettre circulaire de M. de Lessart, ministre de l'intérieur, dans laquelle il demande des renseignemens sur la disposition des esprits relativement à la constitution du clergé. Loi portant création d'un comité de surveillance. — Ce comité sera renouvelé tous les trois mois. — Il exercera des fonctions judiciaires, il pourra faire des visites domiciliaires.

Etat moral, phisique et politique de la maison de Savoie.

Placard affiché dans Paris, au nom des princes français, émigrés, contre le décret du 8, sur les émigrés.

25 Trasime et Timagène, tragédie en cinq actes, de Dubuisson, au théâtre du Marais.
Rentrée de Préville dans la partie de Chasse de Henri IV.

26 Lettre de M. de Lessart, comme ministre de l'intérieur, aux départemens, au sujet de la formation de la garde constitutionnelle du roi.

M. Chabot, député, entre chez le roi, la chapeau sur la tête.
Les Deux Nicodèmes, pièce du Cousin Jacques, jouée au théâtre Feydeau, occasionne des troubles dans la salle de ce spectacle.

28 *Ass. nat.* M. de Lacépède est élu président (5e président). Lettre du ministre de Lessart, annonçant le résultat avantageux des négociations entamées par Louis XVI avec le dey d'Alger.

M. Cahier de Gerville succède à M. de Lessart dans le ministère de l'intérieur.

Novembre.

29 *Ass. nat.* Décret rendu sur la proposition de François de Neufchâteau, qui ordonne à tous les ecclésiastiques autres que ceux qui se sont conformés au décret du 27 novembre 1790, de prêter devant la municipalité du lieu de leur domicile, le serment civique prescrit par l'article 5 du titre 2 de l'acte constitutionnel, prive les ecclésiastiques qui n'auront pas prêté ce serment de toute pension et traitement, et dans le cas où il surviendrait dans une commune des troubles dont les opinions religieuses seraient le prétexte, veut que tous ecclésiastiques ayant refusé de prêter serment soient regardés alors comme suspects, éloignés des lieux où les troubles auront existé, en vertu d'un arrêté du département, sur l'avis du district, et que, dans le cas de désobéissance à ces arrêtés, les contrevenans soient punis par les tribunaux d'un emprisonnement qui ne pourra excéder un an. — Autre décret, qui invite le roi à requérir les princes de l'empire de ne plus souffrir sur leurs territoires d'attroupemens et enrôlemens de Français fugitifs. — Discours d'Isnard à ce sujet. — Rapport du comité militaire de l'assemblée nationale sur la situation militaire de la France. — L'armée, composée de troupes de ligne et de volontaires nationaux, est de 100,000 hommes de troupes de ligne, 36,000 artillerie et 84,000 volontaires nationaux ; total, 224,000 effectifs. Les magasins contiennent 480,000 quintaux de poudre et 250,000 fusils. — Message de l'assemblée nationale au roi, sur le *veto* opposé au décret du 9, concernant les émigrés. Le président Vaublanc (ministre à la fin de 1815) prononce un discours dans lequel il s'exprime ainsi : « Depuis deux ans, que des Français patriotes sont persécutés près des frontières, et que les rebelles y trouvent des secours, quel ambassadeur a parlé comme il devait en votre nom, Messieurs ? *Aucun*. Dites enfin que, si des princes d'Allemagne continuent de favoriser les préparatifs dirigés contre les Français, nous porterons chez eux, non pas le fer et la flamme, mais la liberté. C'est à eux à calculer quelles peuvent être les suites du réveil des nations.... La nation attend de vous des déclarations énergiques. » M. de Vaublanc, en rendant compte de son message à l'assemblée, termine en disant : « J'observerai qu'il m'a paru, quand nous sommes entrés, que le roi s'est incliné le premier ; je me suis incliné ensuite vers lui : le reste s'es passé ainsi qu'il est d'usage.

*Convention entre les Anglais et les Espagnols, sur la navigation de l'océan Pacifique.

Décembre

1ᵉʳ Les Vengeances, tragédie en cinq actes de Dumaniant, au théâtre Français.

2 M. Manuel (de Montargis) est élu procureur syndic de la ville de Paris.

Soulèvement dans le port de Brest.

Circulaire du ministre Duportail, sur la formation de la garde constitutionnelle de Louis XVI.

3 Réponses de Monsieur et de M. le comte d'Artois, qui prétendent justifier leur conduite et déclarent qu'ils sont persuadés que le roi n'est pas libre.

5 Adresse du directoire du département de Paris au roi, provoquant son *veto* sur le décret du 29 novembre, relatif aux émigrés.

*Catherine, par une lettre, annonce à M. de Broglie qu'elle prend les émigrés sous sa protection.

Renvoi fait par Volney de la médaille d'or dont l'impératrice de Russie lui avait fait don.

6 M. de Narbonne est nommé ministre de la guerre, à la place de M. Duportail.

M. de Malvoisin et douze autres personnes sont conduites dans les prisons d'Orléans.

Éloge de la révolution française, par Schloezer, célèbre publiciste.

7 *Ass. nat.* François de Neufchâteau demande qu'on supprime la messe de minuit et autres cérémonies nocturnes. Le roi annonce qu'il vient de nommer Narbonne au ministère de la guerre.

Una Cosa rara, opéra buffa, joué sur le théâtre Feydeau. (Mon.)

8 M. Danton est élu second substitut du procureur de la commune.

10 *Ass. nat.* Indignation de l'assemblée contre un citoyen qui transmet une lettre que lui avait confiée un prisonnier de l'Abbaye, et que son patriotisme l'a engagé à décacheter. Cette lettre est brûlée, malgré les réclamations de Bazire. — Lemontey est élu président.

11 Pétition, par Camille-des-Moulins, au nom de la section du Théâtre-Français, contre les membres du directoire du département de Paris.

Autres pétitions des sections du Luxembourg, de Mauconseil, de la Croix-Rouge, du Faubourg Saint-Antoine, de la Halle et de l'Arsenal, sur le même objet.

13 Accord des trois principes de l'église, de la morale et de la raison sur la constitution civile du clergé de France, par les évêques des départemens ex-constituans.

16 *Ass. nat.* Le roi se rend à l'assemblée, au sujet du décret du 29 novembre dernier, concernant la réquisition à faire aux princes de l'empire. Il prononce un discours qui est fort applaudi. — Réponse au roi par le président de l'assemblée. Envoi de l'un et de l'autre aux quatre-vingt-trois départemens. — Après le départ du roi, l'assemblée décrète le développement des forces qui garnissent les frontières de l'empire d'Allemagne.

17 *Ass. nat.* Émission de 200 millions d'assignats; total émis jusqu'à ce jour, 1,600 millions.

18 *Ass. nat.* Collot d'Herbois fait hommage de l'almanach du père Gérard.

Décembre.

19 *Véto* du roi sur le décret du 29 novembre, relatif aux prêtres.

20 Signification faite de la part du roi à l'électeur de Trèves, que, s'il ne s'oppose pas efficacement à tout rassemblement de Français dans ses états, la France le regardera comme son ennemi.

M. Barthélemy est nommé ambassadeur en Suisse.

Narbonne part pour faire sa tournée sur les frontières et se concerter avec Rochambeau et Luckner.

21 Elfride, paroles de Guillard, musique de Lemoine, jouée au théâtre Italien.

22 De l'influence de la couronne en Angleterre.

Mort de Maillebois, à Maëstricht.

Installation et composition du tribunal qui doit connaître des massacres commis à Avignon.

24 *Ass. nat.* Communication donnée à l'assemblée, par M. de Lessart, 1° de plusieurs réponses des puissances étrangères, à la notification de l'acceptation de l'acte constitutionnel; 2° d'une lettre de l'empereur au roi, du 3 décembre 1791 et 3° du décret de ratification du dernier *conclusum* de la diète de Ratisbonne du 12 dudit mois de décembre.

25 *Ass. nat.* Louvet, au nom de la section des Lombards, provoque l'accusation contre les princes émigrés et la guerre contre les ennemis de la France. — Isnard convertit cette demande en motion. — Guadet réclame l'ajournement jusqu'au premier janvier. Adopté.

26 M. François de Neufchâteau (7° président). — M. de Lafayette, arrivé depuis quelques jours à Paris, se présente à la barre de l'assemblée; il proteste de son dévouement à la constitution et de son respect pour l'assemblée; il quitte Paris et se rend à Metz.

27 *Ass. nat.* Décret qui porte que deux des généraux de l'armée française pourront être élevés au grade de maréchal de France. — Adresse de M. Vergniaux au peuple français, pour accompagner l'envoi dans les départemens du discours du roi, fait en la séance du 14. — Lettre de M. Pétion à l'assemblée, au sujet du club des Feuillans. — Décret qui charge les inspecteurs de la salle de prendre les mesures nécessaires, pour que, dans l'intérieur des ci-devant Feuillans et Capucins, il ne s'établisse aucune société particulière.

28 *Ass. nat.* Décret relatif à l'organisation, solde, armement et habillement des gardes nationales volontaires.

La reine va à l'Opéra, et y est fort applaudie.

29 *Ass. nat.* Déclaration à l'effet de faire connaître aux puissances étrangères les principes et la politique de la France régénérée, par M. de Condorcet. L'assemblée charge une députation d'aller porter cette déclaration au roi, et arrête qu'elle sera envoyée aux 83 départemens.

31 *Ass. nat.* Décret portant que les soldats suisses de Château-Vieux,

seront mis en liberté. — Lettre du roi à l'assemblée nationale, pour lui faire part de sa réponse à celle de l'empereur, du 5 du courant. — L'assemblée, sur la proposition de Pastoret, abolit le cérémonial du jour de l'an.

*Traité entre la Hollande et le gouvernement des Pays-Bas.

(1792)
Janvier

1er *Ass. nat.* Sur le rapport de Gensonné, l'assemblée décrète d'accusation Monsieur, frère du roi, M. le comte d'Artois, M. le prince de Condé, M. de Calonne, M. le vicomte de Mirabeau et M. de la Queuille. La haute cour nationale, à Orléans, les jugera.

Discours de M. de Narbonne à MM. de Rochambeau et Luckner, en les proclamant maréchaux de France, au nom du roi, en présence de la garnison de Metz.

Almanach historique de la révolution, par M. Rabaud de Saint-Etienne, avec cette épigraphe :

> Il vient, après mille ans, changer nos lois grossières.

Préparatifs hostiles des émigrés.

2 *Ass. nat.* L'assemblée déclare que l'an IV de la liberté a commencé le premier janvier 1792, et décrète que tous les actes publics porteront dorénavant l'inscription de la liberté.

Conférences à Metz, entre MM. de Narbonne, Rochambeau, Luckner et Lafayette.

Instruction sur le jury, par Osselin.

4 *Ass. nat.* Sur la proposition de Cambon, création d'assignats de 10, 15, 25 et 50 sous.

Proclamation du roi, concernant le maintien du bon ordre aux frontières.

5 *Ass. nat.* Discours de Isnard sur les dangers de la patrie, pour engager à la concorde tous les citoyens et singulièrement les membres de l'assemblée.

Journal des citoyens, par Tallien.

8 *Ass. nat.* M. Deverhout (8e président). — Organisation du bureau de comptabilité.

Œdipe à Thèbes, opéra, musique de Dameroux, à l'Opéra.

9 *Ass. nat.* L'assemblée ajourne la question de savoir si les articles nécessaires pour l'organisation de la haute cour nationale sont, ou non, sujets à la sanction du roi, et cependant décrète que le ministre de la justice sera tenu de rendre compte sous huitaine des moyens par lui pris pour mettre ce tribunal en activité.

*Paix définitive de Jassy entre la Russie et la Porte.

11 *Ass. nat.* Rapport de M. de Narbonne au retour de son voyage aux frontières. — Projet d'adresse au peuple français, par Vergniaud.

Philippe et Georgette, paroles de Monvel, musique de Dalayrac, au théâtre Italien.

Élémens de fortifications, par Belair.

Janvier.

12 *Ass. nat.* Décret portant que les frais funéraires de M. de Mirabeau
seront pris sur le trésor public,
La Jeune Hôtesse, comédie, par Deflins, au théâtre Français.

14 *Ass. nat.* Sur la motion de M. Guadet, l'assemblée prête le serment de ne jamais consentir à composer avec la constitution. —
MM. Duport-Dutertre et Delessart, ministres, présens à la séance,
unissent leur serment à celui de l'assemblée. — Adresse au
peuple français, explicative de l'objet de ce serment, par M. Hérault de Séchelles.

15 Proclamation du roi sur l'exécution de la loi relative aux jurés.

16 Monsieur, frère du roi, est déchu de son droit à la régence.

17 Projet pour faire livrer la ville de Metz aux étrangers et enlever
Louis XVI.
L'académie de Saint-Pétersbourg adjuge à Arbogast, professeur à Strasbourg,
un prix de mathématiques.

18 *Ass. nat.* Rédaction définitive du décret qui exclut Monsieur de la
régence.
Voyages et Mémoires de Maurice-Auguste, comte de Bengowski.

19 M. de Ségur, ministre de France, est reçu à la cour de Berlin.

20 *Ass. nat.* Rapport sur les accaparemens du sucre et du café.

21 Feu à la prison de la Force.

22 *Ass. nat.* M. Guadet (9e président).
La Fille naturelle, par Dejauré, opéra au théâtre Italien.
Incendie du panthéon de Londres.

24 Pillage du sucre chez les épiciers. (Le sucre se vendait alors 2 liv. 2 sols la livre.)

25 *Ass. nat.* Décret qui invite le roi à demander à l'empereur, s'il entend
vivre en bonne intelligence avec la France, et à lui déclarer que
faute par lui de donner, avant le premier mars prochain, une réponse
satisfaisante, son refus sera regardé comme une déclaration de
guerre. — Discours de Rochambeau pour remercier du grade de
maréchal de France, qui lui a été conféré.

26 Le roi répond à la députation qui lui porte le décret du 25, qu'il
prendra en très-grande considération l'invitation qui lui est faite.
— On se plaint de la petitesse du local où la députation a été
reçue, et de ce qu'il n'y avait qu'un des battans de la porte ouverte.

28 Lettre du roi à l'assemblée nationale, sur l'invitation portée par le
décret du 25, qu'il regarde comme inconstitutionnel.

29 La France régénérée par Vaquier.
La science de la législation, par Filangieri, traduction de Gallois.

30 *Ass. nat.* Toute personne qui voudra voyager sera tenue de se pourvoir d'un passe port.
Marie, reine de Portugal, frappée d'aliénation mentale, est reconnue incapable de gouverner ; Jean, prince du Brésil, exerce
la régence.
Diète convoquée à Gefle par Gustave III, roi de Suède. Les paysans
et les bourgeois le soutiennent contre les nobles.

Février.

1er *Ass. nat.* L'assemblée nationale décrète qu'il n'y a pas lieu à accusation contre M. Bertrand, un des ministres du roi.

2 *Ass. nat.* Décret qui porte qu'il sera présenté au roi des observations motivées sur la conduite du ministre, dont les délits n'ont point provoqué le décret d'accusation.

3 *Mort de Cérutti.
Adresse au peuple français, par Mailhe, avocat, député de la Haute-Garonne.
Vie de Guillaume Penn, fondateur de la Pensilvanie, par Marsillac.
Etat de la population des Etats-Unis d'Amérique, par Ducher.
Les jardins de Betz, poëme de Cérutti.
Cours d'étude pharmaceutique, par Delagrange.

4 *Ass. nat.* M. Gorguereau, au nom d'une des sections du comité de législation, fait un rapport sur une pétition signée Robespierre et adoptée par une société célèbre, dénonçant le directoire du département de Paris. Décret qui renvoie l'affaire à une autre section du même comité, et censure Gorguereau qui avait proposé de déclarer la pétition illégale.

Charlotte et Werther, opéra par Dejauré, au théâtre Italien.
Réponse du pape à Andrieux. Epître en vers publiée par Fabre d'Eglantine.

6 *Ass. nat.* M. de Condorcet (10e président).

7 Proclamation du roi Louis XVI pour le recrutement des armées.
*Traité de Berlin entre l'Autriche et la Prusse, établissant une alliance défensive pour comprimer les troubles de la France et de la Pologne ; la Russie promet d'y accéder.

8 Amnistie en faveur des sous-officiers et soldats de l'armée, qui, ayant passé à l'étranger avant le premier juin 1789, rentreront dans le courant de 1792
La baronne de Cherval, drame par Dorat-Cubières.

9 *Ass. nat.* Décret rendu à la presque unanimité qui ordonne de séquestrer les biens des émigrés, promulgué le 12 du même mois.
Prem. représentation, au théâtre Français, de Caïus Gracchus, par M. Chénier.

10 Chaque chef de légion commandera pendant deux mois la garde nationale.

12 *Ass. nat.* Première garde d'honneur d'artillerie pour le service du corps législatif, pareille à celle de service auprès du roi. Décret relatif à l'organisation du bureau de comptabilité. — Une députation du faubourg Saint-Antoine invite à surveiller le château des Tuileries : Le réveil du lion n'est pas loin, dit l'orateur, nous sommes prêts à purger la terre des amis du roi, à le contraindre lui-même à ne plus nous tromper. — Hommage d'un fusil à sept coups, fait par le capitaine Wilson.
Arrêté de la municipalité de Paris, concernant les piques.
Thiesco, tragédie républicaine par Schiller.
Offrande sur l'autel de la liberté, écrit d'Archensholz.

13 *Ass. nat.* Décret qui détermine le mode et la forme du serment à

Février

prêter par la garde soldée du roi. Le roi sanctionne le décret du 9, relatif au séquestre des biens des émigrés.

Lettre du roi à la municipalité sur les bruits qui se répandaient qu'il voulait quitter Paris.

On commence à porter le bonnet rouge.

Histoire d'Angleterre, traduite par Guiraudet, avec des notes de Mirabeau.

Suite des petits Savoyards, paroles de Pujoulx, musique de Devienne, au théâtre Italien.

15 Installation du tribunal criminel du département de Paris. — Discours de M. Treilhard, président.

Insurrection au faubourg Saint-Marceau, au sujet du sucre.

L'abbé Fauchet dénonce M. de Lessart.

16 *Ass. nat.* Adoption de l'adresse de Condorcet au peuple français sur les travaux de l'assemblée.

18 Les deux Prisonniers, drame par Martin, au théâtre des Variétés.

20 *Ass. nat.* M. Dumas, 11ᵉ président.

Analyse de l'histoire abrégée de la mer du sud, par Delaborde.

Le mystère des droits féodaux dévoilé; par Michallet.

22 *Ass. nat.* Rapport présenté par M. Hérault de Séchelles, au nom du comité de législation, sur la responsabilité des ministres.

23 *Ass. nat.* Grand tumulte sur la proposition faite par M. Mouysset de former un club dans la salle, les après-midi, lorsqu'il n'y aurait pas de séance, et d'empêcher les députés d'aller aux jacobins et aux feuillans.

24 Trait de courage et d'humanité du capitaine Malingre et de son équipage, qui sauvent un bâtiment espagnol.

La Revanche forcée, vaudeville en un acte de M. Deschamps, au théâtre du Vaudeville.

*Tippo-Saëb, assiégé dans Seringapatam, par les Anglais. — Les fils du Nisam et les Marattes, prennent les provinces de Bednore, Canana et une partie du Mysore.

25 Le vieux Célibataire, comédie en 5 actes et en vers, par Collin d'Harleville, au théâtre de la Nation.

L'Auteur d'un moment, pièce lacérée et brûlée au Palais-Royal.

26 *Ass. nat.* M. Luckner se présente à l'assemblée et la remercie du grade de maréchal de France qui lui est conféré.

27 *Ass. nat.* L'assemblée décrète qu'il y a incompatibilité de fait entre les fonctions de juré et celles de député.

Troubles et massacres dans la ville de Dunkerque.

M. Florida Bianca, ministre du roi d'Espagne, est renvoyé. M. Daranda, ci-devant ambassadeur en France, est nommé à sa place.

Notice sur la vie du maréchal de Villars, par Anquetil, curé de la Villette.

Mars

1ᵉʳ *Ass. nat.* Communication faite par M. de Lessart, ministre des affaires étrangères. 1° De sa lettre à M. de Noailles, ministre de France à la cour de Vienne, du 21 janvier 1790. 2° D'une lettre du prince de Kaunitz, du 17 février même année. 3° D'une autre lettre de l'envoyé extraordinaire du roi de Prusse en France, adressée à M. de Lessart, le 28 dudit mois de février. — Observations à présenter au roi sur la conduite de M. Bertrand, ministre de la marine, par M. de Séchelles, adoptées par l'assemblée.

Mort de l'empereur Léopold II. Son fils François II, lui succède dans ses états héréditaires.

Manifeste des émigrés.

2 Installation d'une garde particulière du Roi, en remplacement des gardes-du-corps.

M. Simonneau, maire d'Etampes, est assassiné dans l'exercice de ses fonctions.

5 *Ass. nat.* M. Guiton de Morveaux, (12° président.)

6 *Ass. nat.* L'assemblée crée une commission de douze membres chargés de la rédaction d'un projet de loi, sur les troubles du royaume.

Voyage en Allemagne, par le baron de Riesbach, traduit de l'anglais.

7 M. de Ségur, ministre à la cour de Berlin, revient en France.

Voyage en Europe, en Asie et en Afrique, par Makintosh, traduits de l'Anglais, par M. J. P. Brissot.

8 Destitution de M. de Narbonne, ministre de la guerre; démission de M. Cahier-Gerville.

10 *Ass. nat.* Lettre du roi en réponse aux observations présentées par l'assemblée nationale, sur le compte de M. Bertrand ministre de la marine. — Décret d'accusation contre M. de Lessart, ministre des affaires étrangères, sur la dénonciation de M. Brissot. Il est transféré dans les prisons d'Orléans.

11 *Ass. nat.* Ordre du jour, sur la proposition d'assujétir le roi aux contributions publiques, parce qu'une loi y assujétit tous les fonctionnaires publics. — Décret qui porte que les huissiers de l'assemblée ne porteront plus leurs médailles suspendues à des chaînes de métal, mais à un ruban tricolor.

12 *Ass. nat.* M. la Rivière profite des deux circonstances de la mort de Léopold et de l'accusation contre le ministre de Lessart, pour engager l'assemblée à prendre un parti vigoureux à une époque où la France se trouve en même temps délivrée de deux ennemis.

13 *Ass. nat.* M. Duport-Dutertre, ministre de la justice, donne des explications sur les dénonciations qui ont été faites contre lui.

14 *Ass. nat.* M. Gensonné propose de faire une adresse au roi; mais sur les réflexions de M. Bazire, cette adresse n'est point adoptée.

15 La mort d'Abel, tragédie en 5 actes, de Legouvé, au théâtre de la Nation. Cadichon ou les Bohémiennes, opéra-comique, par Pujoulx, à l'Opéra-Comique.

Recherches historiques sur l'Inde, traduites de Robertson.

Découverte de brûlots insubmersibles, par Loréal, ingénieur.

Chronique du mois, journal.

16 Installation de la nouvelle garde du roi. Discours de ce prince à cette garde.

Assassinat de Gustave III, roi de Suède, dans un bal, par Ankastron, conjuré de la faction des nobles que Gustave avait renversée.

17 M. Dumouriez est nommé ministre des affaires étrangères à la place de M. de Lessart, et M. de la Coste, ministre de la marine à la place de M. Bertrand.

18 *Ass. nat.* Décret portant qu'il sera élevé aux frais de la nation, sur la place où se tient le marché à Etampes, une pyramide triangulaire, en mémoire de la mort de M. Simonneau, maire de cette ville.

19 *Ass. nat.* M. Gensonné, 13ᵉ président. — Décret portant amnistie pour tous les crimes et délits relatifs à la révolution, commis dans la ville d'Avignon et le comtat Venaisin, jusqu'à l'époque du 8 novembre 1791, date de la promulgation du décret de réunion de ces pays à l'empire français, du 14 septembre même année. — Les députés Mathieu Dumas et Stanislas Girardin se sont élevés avec force contre cette amnistie qui décharge Jourdan coupe tête et ses complices.

20 *Ass. nat.* Décret pour le rétablissement de l'ordre public dans la ville d'Arles. Machine pour l'exécution de la peine de mort, appelée guillotine, de Guillotin, son inventeur, adoptée par l'assemblée, sur l'avis de L. Louis, médecin.

Muley Ismaël, empereur de Maroc, est massacré. Muley Mahomet lui succède.

Eloge nécrologique de Berquin.

Suite des vœux d'un solitaire, par Bernardin de Saint-Pierre.

22 *Ass. nat.* Décret portant que tous les commis et employés dans les bureaux du ministère et dans ceux de toutes les administrations, justifiéront de leur prestation du serment civique.

24 *Ass. nat.* Décret sur les colonies, portant révocation de celui de l'assemblée constituante, du 24 septembre 1791.

M. Rolland est nommé ministre de l'intérieur à la place de M. Cahier de Gerville, et M. de Clavières ministre des contributions, à la place de M. Tarbé.

Mémoires d'agriculture par Duvaure, cultivateur.

25 Mélite, ou le pouvoir de la nature, par Desfontaines.

Robert, chef de brigands, drame au théâtre du Marais.

Vie de Cérutti.

Les Droits de l'homme, par Thomas Payne.

Essais sur la tactique navale, par Daniel Lescalier.

28 Du jury en matière civile et criminelle, traduit de Blakstone, par Blanc, homme de loi. (Mon.)

29 *Ass. nat.* Sur la proposition de Dumolard, l'assemblée décrète que les émigrés qui ne rentreront pas dans le délai d'un mois, seront exclus pendant 20 ans des fonctions publiques; et sur celle de Thu-

Mars.

riot, que ceux rentrés depuis le 9 février, sont privés des d...
de citoyens pendant deux ans.

*Mort de Gustave III, roi de Suède, assassiné le 16. Son ...
tave IV, âgé de 13 ans, lui succède. Le duc de Suderma... ...
du feu roi, est régent.

30 *Ass. nat.* Décret contre les émigrés, promulgué le 8 avril ...
qui affecte leurs biens à l'indemnité due à la nation.

31 *Ass. nat.* Le roi dénonce à l'assemblée un traité conclu le 3 février 1792, entre les princes français et le prince Hohenlohe.

Avril.

1er *Ass. nat.* M. Dorisy (14e président).
De la dette publique en France, en Angleterre et dans les États-Unis d'Amérique, par Ducher.

3 *Ass. nat.* L'assemblée décide qu'il y aura séance le 8, jour de
Pâques.

4 *Ass. nat.* Rapport de M. Saladin, au nom du comité de législation,
sur les griefs présentés contre M. Duport-Dutertre, ministre de
la justice, et ses réponses : il conclut au décret d'accusation
contre lui.

6 *Ass. nat.* Sur la proposition de Torné, tous les costumes des ecclésiastiques, religieux et religieuses, de quelques communautés
et congrégations qu'ils soient, sont prohibés. Fauchet met sa ca-
lotte dans sa poche, et Gaivernon, évêque de Limoges, fait hommage de sa croix d'or; j'en porterai une d'ébène, dit il, quand
je serai en fonction.

7 Précis historique de la révolution française, par Rabaut-Saint-Etienne.
Gonzalve de Cordoue, par Florian.
De l'influence de l'équinoxe du printemps et du solstice d'été, sur la décli-
naison et les variations de l'aiguille aimantée, par Cassini.

9 *Ass. nat.* Quarante soldats de Château-Neuf sont admis à la barre
de l'assemblée, malgré une forte opposition.
Rœderer invite les médecins, banquiers et négocians, à prendre
leurs patentes. Il annonce que le roi en a pris une pour sa porcelaine de Sèvres.

Division des émigrés en *artoisistes* et *condéistes.* (*Mon.*)

10 *Canonisation à Rome de Benoît-Joseph-Labre, Français d'origine, né le 26
mars 1748, mort le 16 avril 1783.

11 Eloge necrologique de l'abbé Auger, traducteur d'un grand nombre d'ouvrages
grecs.

12 *Ass. nat.* Décret qui porte que dans les mandats à délivrer aux députés,
le mot d'indemnité sera substitué à celui de traitement. Le moyen
a été d'exempter les députés de rapporter les quittances de leurs
contributions mobiliaire et patriotique.

13 Apologie de la révolution française et de ses admirateurs anglais, en répondant aux
attaques d'Edmond Burke, avec quelques remarques sur le dernier ouvrage
de Calonne, par J. Mackintosh.

14 *Ass. nat.* M. Dumouriez, ministre des affaires étrangères, donne
communication à l'assemblée, 1° de sa lettre à M. de Noailles,

ambassadeur de France auprès de la cour de Vienne, du 19 mars 1792; 2° de deux lettres de M. de Noailles, en réponse à la sienne; 3° d'une autre lettre du 27 mars, écrite au même, et fait lecture d'une lettre du roi au roi de Hongrie et de Bohême. L'assemblée décrète d'accusation M. de Noailles.

15 *Ass. nat.* M. Bigot de Préameneu (15° président).

Fête en l'honneur des soldats suisses de Château-Vieux. Elle avait été demandée au nom des 48 sections, par M. Pétion.

Démission de M. de Gouvion, député de Paris.

Recherches sur la science du gouvernement, par le comte Joseph Gorani; ouvrage traduit de l'italien.

Théorie pratique des droits de l'homme, par Thomas Payne, traduction de Lanthenas.

16 *Ass. nat.* Discours de M. de Vaublanc, dans lequel il se plaint des sociétés populaires, et notamment de celle des jacobins, qui a fait rendre le décret d'amnistie pour Avignon, le 19 mars dernier.

M. Duranthon est nommé ministre de la justice, à la place de M. Duport-Dutertre.

18 Rapport fait au conseil du roi, par M. Dumouriez, de la conduite de la cour de Vienne, à l'égard de la France.

M. de Fleurieu est nommé par le roi gouverneur du prince royal.

19 *Ass. nat.* M. Dumourier donne communication à l'assemblée, de deux lettres de M. de Noailles, des 5 et 7 avril. Le décret d'accusation contre M. de Noailles est rapporté.

(*S. du soir.*) MM. Baux, négocians de Marseille, font part des découvertes du capitaine Marchand dans la mer du Sud. Le capitaine a nommé les nouvelles îles, Iles de la Révolution, et en pris possession au nom et pour la nation française et Louis XVI. L'assemblée accepte l'hommage des cartes, et improuve la conduite du capitaine.

20 *Ass. nat.* Déclaration de guerre à François II, roi de Bohême et de Hongrie, demandée par le roi, à la sollicitation de Dumouriez et proposée à l'assemblée qui l'accepte. Théodore Lameth, Jamourt, Dumas, Gentil, Baert, Hua et Becquet, se lèvent seuls contre.

21 Bourse de Paris, 100 fr. espèces pour 136 fr. d'assignats.

Julie, ou la Religieuse de Nîmes, drame par Pougens.

Le Vieux Garçon, comédie par Dubuisson, au théâtre de Louvois.

Lovelace, drame par Lemercier, au théâtre de la Nation.

Dictionnaire de la marine française, par Romme (Charles.)

De la Tragédie grecque, par Auger.

L'Aîné et le Cadet, comédie, par Collot-d'Herbois.

Explication des mots importans dans la langue politique, par Guiraudet.

26 *Ass. nat.* Rapport fait au nom de la commission des douze, chargée de la rédaction d'un projet de loi sur les troubles du royaume; par M. François de Nantes.

27 Première rencontre de la guerre. Combat de Quievrain; le général Biron.

28 *Ass. nat.* Suppression des pèlerins et des pénitens de toutes couleurs.

Avril.

Affaire de Mons, où Théobald Dillon est assassiné par les soldats.

29 M. Lacuée (15e président).

Du numéraire métallique, par Clavières.

Sur le discrédit des assignats, par Boislandry.

30 Emission de 300 millions d'assignats, total émis 1900 millions.

Mai.

1er *Ass. nat.* Lettre de Rochambeau annonçant le massacre de Théobald Dillon par ses troupes, à la suite d'une déroute sur Lille.

Mémoires du comte de Maurepas, ministre de la marine.

De la Propriété dans les rapports avec le droit politique.

2 *Ass. nat.* Les religieuses qui vivent en commun ne pourront prendre des pensionnaires.

Mémoires du ministère du duc d'Aiguillon.

3 *Ass. nat.* Sur la proposition de Beugnot, appuyée par Vaublanc, décret d'accusation contre Royou, auteur de l'Ami du Roi, et contre Marat, auteur de l'Ami du peuple. Bazire s'y oppose.
— Marat invitait les citoyens à porter *le fer et la flamme sur la majorité gangrénée des représentans de la nation.* Ailleurs il disait : « Mon espoir est que l'armée ouvrira les yeux et qu'elle sentira que la première chose qu'elle ait à faire, c'est de massacrer ses généraux. »

Prise de Porentruy, par le général Custine.

4 *Ass. nat.* Décret qui met sous la sauve-garde de la nation et sous la protection spéciale des lois, tous les militaires ennemis, faits prisonniers de guerre, et qui leur fixe un traitement.

5 *Ass. nat.* Rapport de François de Nantes, sur les prêtres réfractaires. Il présente l'église comme une des bases du despotisme, et il invite les réfractaires à se rendre au cloaque, où l'armée noire a rassemblé tous ses vices.

6 *Désertion du régiment Royal-allemand-Caroline.

La mairie de Paris est placée à l'hôtel du ci-devant premier ministre, premier président du parlement.

Démissions volontaires entre les mains du pape, de Marinville, ancien évêque de Dijon et plusieurs autres.

8 *Ass. nat.* Rapport fait à l'assemblée nationale du meurtre de plusieurs commis. Le roi nomme ministre de la guerre, à la place de M. de Grave, M. Servan, qui, comme messieurs Rolland et de Clavières, était du parti populaire. Adresse à l'armée.

Pompes à incendie de Thillaye, mécanicien.

9 Reprise de Virginie, tragédie de M. de la Harpe, qui avait été représentée en 1786.

10 *Ass. nat.* Le roi annonce qu'il a nommé Servan, ministre de la guerre. Les séances sont presque toutes remplies de discussions ridicules et absurdes sur la discipline et l'insubordination de l'armée. Merlin est un de ceux qui se fait le plus remarquer par ses absurdités.

12 Lettre de M. Chauvelin, ministre de France, au lord Grenville, à Londres.

Désertion du régiment de Berchiny.

13 *Ass. nat.* M. Muraire (17° président).

Mémoires historiques de la guerre de 1757, par Debourcet, lieutenant-général des armées.

Lucrèce, tragédie par Arnault, jouée sur le théâtre des Variétés.

Transactions philosophiques, par Gibelin.

14 Confédération de Tergowice, par les partisans de la Russie, en Pologne.

15 *Ass. nat.* Décret qui porte qu'il ne sera plus fait de remboursement que de créances de 10,000 liv. et au-dessous. — Discours d'Isnard sur la perfidie de la cour, dans lequel il propose de faire au roi une interpellation nationale en ces termes : « Comment oseriez – vous vivre en oppresseur sur le trône de la liberté, parmi des hommes qui ont juré d'immoler les oppresseurs. » Murmures.

16 *Ass. nat.* Décret qui règle les indemnités des princes, de Salm-Salm, et de Laurensteine-Werthein.

Installation du tribunal de commerce de la ville de Paris.

18 *Ass. nat.* Etienne Larivière, juge de paix, vient demander les pièces qui sont déposées au comité de surveillance, afin que les ministres, Montmorin et Bertrand, puissent établir la plainte par eux faite contre le journaliste Corsa.

19 *Ass. nat.* Décret qui supprime le traitement d'un million accordé à chacun des frères du roi, pour l'entretien de leurs maisons, et qui déclare saisissables par leurs créanciers, leurs rentes apanagères.

20 *Ass. nat.* Décret relatif aux moyens de constater les noms, qualités et demeures des français non domiciliés et des étrangers qui sont à Paris. Autre décret d'accusation contre Etienne-la-Rivière.

Lettre du roi, contresignée Duranthon, ministre de la justice, par laquelle il a donné l'ordre à ce ministre, de dénoncer à l'accusateur public, les journalistes qui ont parlé de l'existence d'un comité autrichien.

Sacre de l'abbé Maury comme évêque de Nice, in partibus.

Traduction de la déclaration des droits de l'homme, par l'abbé Spedaleri.

21 M. Etienne-la-Rivière, juge de paix, est conduit dans les prisons d'Orléans.

Adresse aux Français par Anacharsis Clootz, appelé l'orateur du genre humain.

22 *Ass. nat.* Rapport de M. Cambon, sur la situation générale des finances.

23 *Ass. nat.* Discours de Gensonné et Brissot, pour démontrer l'existence d'un comité autrichien.

Lettre du roi à la municipalité de Paris, sur le bruit qui se répandait de nouveau qu'il voulait sortir de Paris.

24 *Ass. nat.* Décret qui autorise les autorités locales à déporter hors de France, tout prêtre non assermenté, dénoncé par 20 pétitionnaires.

Réponse du lord Grenville à la lettre de M. Chauvelin, et proclamation du roi d'Angleterre.

25 Condamnation à mort d'un des assassins de Théobald-Dillon.
Lettre de M. Pétion, maire de Paris, à l'occasion de celle adressée
par le roi à la municipalité.

27 *Ass. nat.* M. Tardineau (18e président).
Douze Suisses arborent la cocarde blanche à Neuilly.
Lettre de M. Rœderer, procureur-général-syndic du département,
à M. Pétion, au sujet de la lettre écrite au roi par ce dernier.
Troubles dans Paris, au sujet de la garde du roi.
Anecdotes secrètes sur la cour de Russie.
Lettres sur la révolution, par P. Manuel.

28 *Ass. nat.* Chabot atteste qu'il existe un complot pour dissoudre
l'assemblée. — Dénonciation de Bazire contre la garde du Roi. —
Sur la motion de M. Carnot jeune, on décide que l'assemblée
sera permanente.
Trente ballots de papier sont brûlés à la manufacture de porcelaine de Sèvres.

29 *Ass. nat.* Décret, après une vive discussion, qui licencie la garde
du roi, accusée d'incivisme, et décrète Brissot d'accusation. —
Frondières et Dumas s'y opposent.; Bazire, Guadet, Merlin,
Chabot, Quinette, Carez l'appuyent. — Calvet condamné à trois
jours d'Abbaye pour s'être servi de termes injurieux contre l'assemblée. — Chabot se plaint de Jaucourt, qui le menace de
coups de bâton. — Ordre du jour.
Ordre donné aux invalides de céder les postes de l'hôtel, pendant
la nuit, à toutes les troupes qui se présenteront, soit de la garde
du roi, soit de la garde nationale.
Histoire de la béatification de Benoît-Joseph Labre.

30 *Ass. nat.* Décret d'accusation contre M. de Brissac, commandant
de la garde royale; il est envoyé à la haute cour nationale. — Discours de M. Gensonné, et projet de décret pour l'organisation
d'une police de sûreté générale, par rapport aux délits de haute
trahison. Le comité de surveillance de l'assemblée, s'appellera
désormais comité de sûreté générale.
Licenciement de la garde du roi.

31 *Ass. nat.* Sur la proposition de Lemat, l'assemblée lève la permanence de ses séances, et vote des remercîmens au zèle de la municipalité et de la garde nationale de Paris.
Arrêté de la municipalité, concernant les processions de la Fête-Dieu.

Juin.
1er Adresse des invalides à l'armée.
Proclamation du roi qui conserve à sa garde ses appointemens.

2 *Ass. nat.* Continuation du rapport de M. Saladin, contre M. Duport-Dutertre, ex-ministre de la justice. — Dénonciation de
Chabot, d'une proclamation du roi.

3 Fête au Champ-de-Mars pour honorer la mémoire de M. Simoneau,
maire d'Étampes.
Affaire entre les Autrichiens et les Français, en avant de Condé.
Histoire de la prétendue révolution de Pologne, par Méhée.

4 *Ass. nat.* M. Servan, ministre de la guerre, propose à l'assemblée de former un camp près de Paris composé de cinq hommes de chaque canton du royaume. — Discours de Chabot sur l'existence du comité autrichien; il dénonce Narbonne, Delessart, Dupórt-Dutertre, Brissac, Lafayette, et les généraux Ribes, la faction d'Orléans, Dumouriez, Petion et Bonne Carrère.

5 *Ass. nat.* L'assemblée nationale rejette le projet d'accusation contre M. Duport-Dutertre. — Sur l'invitation du curé de Saint-Germain-l'Auxerrois, pour la procession de la Fête-Dieu, l'assemblée décrète qu'elle n'assistera pas à cette procession; mais qu'il n'y aura pas de séance le matin du jour de ladite fête, afin que chaque membre puisse vaquer à l'exercice de son culte.
Mort de l'évêque de Liége.

6 *Ass. nat.* Décret qui ordonne la formation d'un camp de 20,000 hommes près Paris.

8 Custine nommé général de l'armée du Bas-Rhin, à la place de Luckner.
Jésus-Christ, ou la Véritable religion, tragédie par Debohaire.
République sans impôts, par la Vicomterie.
Sentimens de sociabilité, par Duronceray.
Journal d'Histoire naturelle, par Lamarck, Bruguières, Olivier, Haüy et Pelletier.

10 *Ass. nat.* Vasselin, à la tête de 7 à 8 individus, se disant de la garde nationale, dénonce le ministre Servan, et le camp qu'on veut former près Paris. Pétition de 8000 personnes sur le même sujet. — Autre de la section du Théâtre-Français dans le sens contraire. — Discours de M. Vergniaud à ce sujet.
Le ministre Rolland rend publique une lettre qu'il avait écrite au roi.
Plaire c'est commander, comédie au théâtre Italien.

11 *Ass. nat.* M. Français de Nantes (19ᵉ président).
Combat sous Maubeuge, M. Gouvion est tué sur le champ de bataille.

13 *Ass. nat.* Servan, Clavière et Roland quittent le ministère. — L'assemblée décrète que ces ministres emportent l'estime et les regrets de la nation et ordonne l'envoi aux 83 départemens, de ce décret et de la lettre de M. Roland au roi.
Lettre de M. de Lafayette sur la mort de M. Gouvion.
M. Mourgues, ministre de l'intérieur; M. Dumouriez, ministre de la guerre; M. de Beaulieu remplace M. de Clavières, au ministère des contributions; M. Neissac aux affaires étrangères.

15 *Ass. nat.* Dénonciation, par M. Guadet, de l'assassinat commis par M. Joureau, député, en la personne de M. de Grange-Neuve, son confrère.

16 *Ass. nat.* Décret portant qu'il sera formé sur l'ancien terrain de la Bastille une place qui portera le nom de la Liberté.
Lettre de M. de Lafayette contre le club des jacobins.

Code judiciaire, par Camus.
Traité des affections vaporeuses des deux sexes, par Pomme, docteur.

17 *Ass. nat.* Sur la pétition de la section de Bondy, l'assemblée nationale décrète en principe, que tout citoyen est obligé au service personnel dans la garde nationale. Une nouvelle commission des douze est créée, pour prendre en considération les dangers dont la chose publique est environnée. Les grands procurateurs annoncent qu'ils ont fait rendre, par la haute-cour nationale, une ordonnance qui prive du titre de citoyen, François-Louis-Stanislas-Xavier et ses co-accusés, leur interdit toute action en justice pendant le temps de leur contumace, et ordonne qu'il sera procédé contre eux malgré leur absence.

18 M. de Chambonas, ministre des affaires étrangères, M. de la Jard ministre de la guerre, M. Terrier de Montciel, ministre de l'intérieur; Duranthon, ministre de la justice, a les contributions par intérim.

Ass. nat. Vive discussion au sujet d'une lettre de Lafayette contre Dumouriez, qu'on prétend fausse.

Le corps municipal convoque les 48 sections, à l'effet de délibérer sur cette question : s'il sera fait une adresse à l'assemblée nationale, « pour lui demander que les 60 bataillons de la garde nationale de Paris, soient réduits au nombre de 48, comme les sections. »

Fictions morales, par Mercier.

19 *Ass. nat.* Décret qui ordonne que les titres de noblesse existans dans les dépôts publics, seront brûlés.

Veto du roi sur les décrets contre les prêtres et l'établissement du camp près Paris.

Prise de la ville de Menin, par le maréchal Luckner.

Des Destins de la France; ouvrage faussement attribué à Mably.
Mort du poëte Favart.

20 Journée du 20 juin. —Les deux faubourgs Saint-Antoine et Saint-Marceau, ameutés par des craintes, et notamment par le refus que le roi venait de faire de sanctionner le décret contre les prêtres, se rendent en masse au château des Tuileries.

Ass. nat. Les habitans des faubourgs se présentent d'abord à l'assemblée; ils ne sont admis à défiler qu'après une vive discussion. Ils sont conduits par Santerre et Saint-Hurugues. On remarque dans le cortège, un homme portant au bout d'une perche une vieille culotte de peau, avec ces mots : *Vive les sans-culottes !* et un autre portant un cœur de veau, avec cette inscription : *Cœur d'aristocrate.* De là ils se rendent chez le roi, qui ordonne d'ouvrir et défend la résistance; il se présente avec calme pour entendre la pétition qu'on disait vouloir lui présenter; il répond à la pétition, qui demandait la sanction des décrets sur lesquels il avait apposé son veto, que sa sanction était libre et que ce n'était le moment ni de la solliciter ni de l'obtenir. — Sur le soir, M. Pétion, maire de Paris, arrive ; il parle aux plus furieux ; la foule se dissipe insensiblement. Le jardin des Tuileries est aussitôt fermé au public.

(*S. du soir.*) Détails contradictoires de Dumas, Arbogast, Lesduin et Bazire, de ce qui s'est passé le matin chez le roi.

Prise des villes d'Ypres et de Courtrai, par le maréchal Luckner.

21 *Ass. nat.* Rapport et discussion ; lettre du roi sur la journée de la veille. — Décret sur la proposition de Bigot-Préameneu, combattu par le Cointe-Puyraveaux, portant qu'aucune troupe armée ne sera admise à se présenter à la barre, et à défiler devant le corps législatif ; et que les citoyens ne pourront se réunir en armes, sous le prétexte de présenter des pétitions aux autorités constituées. Duverhault dit qu'un grand crime s'est commis la veille. Lamarque et Quinette le combattent.

Entretien du roi avec M. Pétion.

22 Proclamation du roi sur les événemens du 20 juin, dans laquelle il dit que la violence ne lui arrachera jamais son consentement à ce qu'il croira convenable à l'intérêt public ; et qu'il exposera, s'il le faut, sa tranquillité et sa sûreté, pour remplir son devoir.

23 *Ass. nat.* Le ministre de l'intérieur donne des détails sur l'état de la capitale, et dénonce une pétition du faubourg Saint-Antoine à l'assemblée, affichée et conçue en ces termes : « Les hommes du 14 juillet se lèvent pour la seconde fois, et viennent vous dénoncer un roi indigne d'occuper plus long-temps le trône ; nous demandons que le glaive frappe sa tête ; si vous vous refusez à nos vœux, nous frapperons les traîtres partout où nous les trouverons, même parmi vous. »

24 *Ass. nat.* M. Girardin (20ᵉ président).

25 *Ass. nat.* Motion de Delfau contre les clubs. — Une députation du faubourg Saint-Antoine est admise à la barre. Discours de Gonchon son orateur, et protestations de dévouement à la constitution. Lenoir, Dubreuil et Verniquet, orateurs du faubourg Saint-Antoine, dénoncent Chabot comme ayant provoqué le peuple au rassemblement du 21 juin.

On donne carte blanche au maréchal Luckner.

26 Manifeste du roi de Prusse contre la France.

28 *Ass. nat.* M. de Lafayette se présente à l'assemblée nationale ; il prononce un discours dans lequel il parle pour le maintien de la constitution et l'observation des lois. — Guadet demande pourquoi Lafayette a quitté son armée. — Discussion sur le mode de constater l'état civil, qui se continue les séances suivantes.

M. de Jolly est nommé ministre de la justice, à la place de M. Durather.

29 La Mère coupable, drame en cinq actes, de Beaumarchais, joué au théâtre du Marais.

Juin.

30 *Ass. nat.* Rapport de M. Pastoret, au nom de la commission extraordinaire des douze, sur la situation actuelle de la France. — Rapport de Jean de Brie, au nom de la même commission, sur les moyens de pourvoir à la sûreté générale du royaume. Il propose de déclarer la patrie en danger. — Discours de M. Lauhey-d'Engars, sur le même sujet.

Lettre de M. de Lafayette à l'assemblée, en s'en retournant à son armée. Son effigie est brûlée au Palais-Royal, après son départ.

Evacuation de Menin, Ypres et Courtray. Jarry met le feu aux faubourgs de cette dernière ville.

Juillet

1er Pétition appuyée, dit-on, de vingt mille signatures, au sujet des événemens du 20 juin, dressée par M. Guillaume, ex-constituant.

2 *Ass. nat.* Vergniaux renouvelle sa proposition de la patrie en danger.

Licenciement des états-majors de la garde nationale de Paris et de toutes les villes dont la population est de 50,000 âmes.

3 *Ass. nat.* L'assemblée décrète et déclare que le maréchal de Luckner a conservé toute la confiance de la nation.

Démission de Duranthon, ministre de la justice. De Joly le remplace.

5 *Ass. nat.* Discours de Tarbé, dans lequel il présente le tableau des manœuvres de la cour pour réasservir le peuple français. — Pastoret et Vaublanc manifestent leur indignation contre ce discours, qui leur paraît sorti des presses de Coblentz, et qui a pour but de jeter la France dans l'anarchie. De Joly, ministre de la justice, présente un message du roi, manifestant son désir de recevoir au champ de la Fédération, le serment des Français des départemens, réunis à leurs frères de Paris.

5 Moyen de guérir les cancers, par Doris, chirurgien.
Cours de langue latine, par Luneau Bois-Germain.

6 Message du roi à l'assemblée, pour lui faire part des intentions hostiles de la Prusse contre la France.

Arrêté du département, qui suspend M. Pétion de ses fonctions de maire de Paris, pour l'affaire du 20 juin, et Manuel de celles de procureur syndic.

M. Dumouriez va à l'armée.

7 *Ass. nat.* Motion d'ordre de Lamourette, qui rappelle l'assemblée à la concorde et à l'union, et demande qu'on foudroie par une exécration commune la république et les deux chambres. — Réunion des côtés opposés, qui s'embrassent et paraissent vouloir se rallier à la constitution. Le roi vient à l'assemblée et prononce un discours sur cette heureuse réunion. « Mon vœu est accompli, dit-il; la nation et le roi ne font qu'un; l'un et l'autre ont le

même but. Leur réunion sauvera la France. »

Le jardin des Tuileries est ouvert dans la soirée.

François II d'Autriche élu empereur d'Allemagne.

8 *Ass. nat.* M. Aubert-du-Bayet, 21° président.

Le jardin des Tuileries est fermé de nouveau.

Nouvelle de la conclusion de la paix faite avec l'Angleterre et Tippo-Saëb.

L'Indicateur, journal.

9 *Ass. nat.* Discours de Brissot, sur les dangers de la patrie, contre le roi et les ministres.

10 *Ass. nat.* Démission de tous les ministres. Suite de la discussion sur la déclaration de la patrie en danger.

(*S. du soir.*) Collot-d'Herbois demande le décret d'accusation contre Lafayette. Lettre du roi sur la démission des ministres. Altercation entre le représentant du peuple Beauvais et un gendarme.

11 *Ass. nat.* L'assemblée déclare la patrie en danger. Des fédérés demandent la réintégration de Pétion et de Manuel.

Proclamation du roi, qui confirme l'arrêté du département.

12 *Ass. nat.* Les députés auront un costume ou un ruban aux trois couleurs placé en sautoir, auquel sera suspendu un livre de métal doré, portant d'un côté *constitution*, et de l'autre *droits de l'homme.*

Ass. nat. Rapport de Rœderer, procureur-général syndic du département, sur l'affaire de Pétion et celle de Manuel. Vifs débats, dans lesquels Boulanger, Gorguereau, Ferrière, Delfau, Voisin, Sers, Léopold, Delmas, d'Aubenas, Deverhoult, Genty, s'opposent à la levée de la suspension, et Guadet, Duhem, Taillefer, Quinette et Carnot l'appuient. La levée de la suspension est prononcée.

14 Serment de la deuxième fédération. Le roi jure d'être fidèle à la constitution.

François II, fils de Léopold, proclamé empereur.

Hymne de M. J. Chénier pour la fédération.

Essai sur la secte des illuminés, par Deluchet.

15 *Ass. nat.* (*S. du soir.*) Détails sur la victoire remportée au camp de Jalès.

Détails sur la mort de M. de Gouvion, par Olympe de Gouges.

Les Visitandines, opéra-comique en 3 actes, par Picard, au théâtre Feydeau.

17 *Ass. nat.* Une députation de fédérés dénonce Lafayette et demande la suspension du pouvoir exécutif dans la personne du roi.

18 *Ass. nat.* M. de Chambonas, ministre des affaires étrangères, fait part à l'assemblée d'une note officielle, adressée par M. Chauvelin, ministre plénipotentiaire de France auprès du roi d'Angleterre, à milord Grenville, secrétaire du conseil d'état, pour

que S. M. britannique veuille bien interposer ses bons offices, à l'effet de dissoudre la coalition formée contre la liberté française, et de la réponse de milord Grenville à ce sujet. ++ L'assemblée décide que le *maximum* de la contribution foncière du 1792 sera du cinquième du revenu net.

Arrestation et mort de Dusaillant.

19 *Ass. nat.* Décret qui met tous les palais épiscopaux au rang des domaines de l'état.

(*S. du soir.*) Des citoyens d'Orléans témoignent leurs inquiétudes sur le peu de sûreté des prisons de la haute cour nationale.

20 Proclamation du roi sur les dangers de la patrie.

21 *Ass. nat.* Lasource demande que Lafayette soit décrété d'accusation. Il trouve en lui un ennemi de la représentation nationale. Bazire dit que le tocsin sonne, et demande que l'assemblée soit déclarée permanente. Le maire de Paris, Pétion, paraît à la barre, et rassure l'assemblée.

M. du Bouchage est nommé ministre de la marine, au lieu de M. de Lacoste, et M. de Champier ministre de l'intérieur, au lieu de M. Terrier de Montciel.

22 La municipalité fait proclamer solennellement dans Paris les dangers de la patrie.

23 Du pouvoir exécutif dans les grands états, par Necker.

Lettres et pièces intéressantes, pour servir à l'histoire du ministère de Roland, Servan et Clavières.

23 *Ass. nat.* M. Laffon-Ladebat (22ᵉ président). Sur la responsabilité des ministres.

Huit membres du directoire du département, sur neuf dont il est composé, donnent leur démission.

(*S. du soir.*) Choudieu lit une adresse d'Angers, qui demande la déchéance du roi.

24 *Ass. nat.* Duhem provoque l'examen de la déchéance. — Ordre du jour.

M. d'Abancourt est nommé ministre de la guerre, au lieu de M. de la Jard.

M. Manuel, procureur-syndic de la commune, est réintégré dans ses fonctions.

25 *Ass. nat.* Chabot appuie l'examen de la déchéance du roi. Le président Lafon-Ladebat rappelle Chabot à l'ordre et y est ensuite rappelé lui-même, sur la motion de Choudieu, Isnard et Lacroix. Le général Montesquiou, admis à la barre, rend compte de la situation de l'armée du Midi.

(*S. du soir.*) Pétition des sections de la Croix-Rouge et des Gobelins, contre le renvoi aux tribunaux de l'affaire de Pâris et Bouland. — Duhem : « Pâris a été arrêté pour avoir dit dans sa section que c'était ici un combat à mort entre Louis XVI et la liberté. » Il vote pour leur élargissement. — Fauchet fait décréter que la terrasse des Feuillans fait partie de l'enceinte extérieure de l'assemblée, et qu'elle est sous sa police immédiate. — Massacre dans la ville d'Arles, annoncé à l'assemblée.

Permanence des sections de Paris.

Grand repas donné aux fédérés.

Manifeste du duc de Brunswick, généralissime des cours alliées d'Autriche et de Prusse, datées de son quartier-général à Coblentz. « Les gardes nationaux qui auront combattu contre les troupes des deux cours coalisées, et qui seront pris les armes à la main, seront punis comme rebelles. — Les habitans qui oseraient se défendre seront punis sur-le-champ, suivant la rigueur des lois de la guerre. » Ce manifeste excite l'indignation de tous les bons Français.

26 *Ass. nat.* Discours de M. Brissot, contre la suspension du pouvoir exécutif.—Tarbé envoyé pour huit jours à l'Abbaye, pour avoir manqué de respect à l'assemblée, dans la discussion.

27 M. Despréménil, battu, deshabillé et sabré au Palais-Royal, dit à M. Pétion, qui était venu pour faire cesser le tumulte : « Comme vous l'êtes aujourd'hui, Monsieur, j'ai été porté en triomphe; et vous me voyez dans un état bien différent : ne vous fiez pas toujours sur votre gloire actuelle. »

Bernardin de Saint-Pierre est nommé, par le roi, intendant du Jardin des Plantes.

Avantages de la sténographie, par Bertin.

Tactique française, par Dupuy-Lauron.

Mémoires sur plusieurs points d'antiquités militaires, par Charles Guichard.

Recherches sur l'économie politique, par Stewart.

28 *Ass. nat.* Décret sur le rapport de Sedilly, qui défend de délivrer des passeports.

Dénonciation à la commune d'un ouvrage de Chabaud, ex-constituant, intitulé : *Acte d'union des Français.*

30 Arrivée des Marseillais à Paris. Les cocardes de rubans sont proscrites. Combat aux Champs-Elysées. M. Duhamel est massacré.

Ass. nat. (*S. du soir.*) Des gardes nationaux rendent compte d'une rixe aux Champs-Elysées, et demandent vengeance de l'assassinat d'un de leurs camarades, par les Marseillais.

M. Leroux est nommé ministre des contributions, au lieu de M. de Beaulieu.

Mort de M. le chancelier Maupeou.

Roméo et Juliette, opéra-comique de Monvel.

Essais et Observations sur Montesquieu, par L. Langlet.

31 *Ass. nat.* Émission de 300 millions d'assignats.—Total émis jusqu'à ce jour, 2,200 millions.

Tippo-Saëb est contraint de donner à lord Cornwallis deux de ses enfans en otage, jusqu'à l'entière exécution du traité du 24 février.

1ᵉʳ *Ass. nat.* Proclamation du roi sur la rixe des Champs-Elysées.
  Plan projeté d'un congrès à Mayence, où l'on doit appeler le roi de
  France, pour déclarer s'il était libre lorsqu'il a accepté la constitution.
  M. de Sainte-Croix, est ministre des affaires étrangères, au lieu
  de M. de Chambonas.

2 *Ass. nat.* Le ministre de la guerre annonce le choix de Custine,
  Charton, Servan et Beauharnais, pour commander au camp de
  Soissons. Il dénonce un crime abominable, qui s'est commis
  dans la manipulation du pain, où il a été trouvé du verre.
  (*S. du soir.*) La section des Quatre-Nations dénonce l'empoisonnement des défenseurs de la patrie, et demande vengeance. Agitation à ce sujet.
  Ass. nat. L'assemblée accorde des pensions aux militaires étrangers
  qui viendront se ranger sous les drapeaux de la France. Lettre
  de M. d'Orléans. Il demande à être envoyé à son poste d'amiral.
  Renvoyé au ministre de la marine.

3 *Ass. nat.* Les commissaires près le camp de Soissons écrivent que
  l'on doit attribuer le verre trouvé dans le pain à la commotion
  de la manipulation, qui a fait tomber quelques parties de vitraux
  dans l'église où on le faisait. — La Source dit que tout cela était
  un coup monté pour agiter le peuple, et demande qu'on recherche les auteurs de ces faux bruits. — Une députation de fédérés
  dénonce le pouvoir exécutif, et demande au pouvoir législatif :
  Pouvez-vous nous sauver, oui ou non ? — M. Pétion, au nom
  des sections de Paris, dénonce la conduite du roi et demande
  sa déchéance. — Lettre du roi, sur la déclaration faite par le duc
  de Brunswick. — Décret pour faire armer de piques tous les
  Français.

4 *Ass. nat.* La section des Gravilliers demande à l'instant l'acte d'accusation contre Louis XVI.
  Combat de Mombray. Lafayette.

5 On massacre, à Toulon, neuf membres du directoire, soupçonnés
  d'aristocratie.

6 On répand le bruit, aux Tuileries, que le roi veut s'enfuir.
  Travaux des astronomes Méchain, Franchot, Lalande et Delambre, pour mesurer le méridien.

7 Un jugement d'une des cours séant à Paris annule l'arrêt du parlement rendu contre Marie-Nicolas Lamotte, dans la fameuse affaire du Collier, et néanmoins le maintient en arrestation.
  Proscription, par ordre de la reine de Portugal, des francs-maçons
  de l'île de Madère, parce que cette société a été la première
  cause de la révolution française.

8 *Ass. nat.* Jean Debry propose de décréter Lafayette d'accusation.
  Vaublanc le défend, et à la majorité de 426 voix contre 224,
  l'assemblée déclare qu'il n'y a pas lieu à accusation contre M. de
  Lafayette.

Arrêté de la commune de Paris, concernant la garde du roi.

Déclaration additionnelle du duc de Brunswick, relative à la sûreté du roi de France, de la reine et de toute la famille royale, avec de violentes menaces.

9 *Ass. nat.* **Lettres des députés Frondières, Lacretelle, Soret, Calvet, Quatremère, Chapron, Dieuzy, Desbois, Mezières et Regnault-Beaucaron**, qui se plaignent d'avoir été attaqués hier, en sortant de la séance. — On a menacé Dumolard-Delatour, s'il reparaissait à l'assemblée. — Jolivet dit qu'aux sections, on a voué à l'exécration la majorité des députés, pour avoir innocenté Lafayette. — Vaublanc dit qu'on est venu chez lui, et qu'on l'a averti qu'il serait massacré, s'il y rentrait. Il demande que les fédérés partent pour Soissons, et que Rœderer, procureur-général syndic du département, soit mandé à la barre, pour lui enjoindre de prendre des mesures pour la sûreté des représentans. — Kersaint, Isnard et Legrevol appuient cet avis. — Guadet veut qu'on demande au roi s'il a des moyens pour maintenir la sûreté de l'état.. « Et moi, dit Choudieu, je demande que le corps législatif déclare s'il a des moyens suffisans pour sauver la patrie… Ceux qui n'ont pas eu le courage de regarder en face un soldat factieux ne sont pas faits pour s'occuper des grandes mesures qu'exige dans ce moment la sûreté de l'état… Ceux qui ont craint le pouvoir d'un homme, parce qu'il disposait d'une armée, n'oseront pas se traîner sur les marches du trône ; et cependant c'est là qu'existe le foyer des conspirations. En un mot, l'assemblée qui a donné un si dangereux exemple de faiblesse est incapable de sauver la patrie. » Murmures, applaudissemens, et demande par Girardin d'envoi à l'Abbaye. — Rœderer, à la barre, dit que la police et la sûreté de Paris sont dans les mains du maire. — Condorcet lit une instruction au peuple sur sa souveraineté. — Pétion, à la barre, rend compte des mesures de la municipalité, et dit qu'elle n'est plus chargée de la sûreté du corps législatif.

La section du Théâtre-Français et celle des Gravilliers déclarent qu'elles ne reconnaissent plus d'autorité constituée.

10 *Ass. nat.* Le tocsin et la générale rassemblent les députés à deux heures du matin. Pétion, à la barre, rend compte des efforts faits pour empêcher les rassemblemens. — L'assemblée discute l'abolition graduelle de la traite des nègres.. — Le roi entre dans l'assemblée avec toute sa famille, et dit qu'il est venu pour éviter un grand crime. Rœderer, à la barre, déclare que la municipalité a été désorganisée. — On entend le bruit du canon. Des citoyens armés veulent s'introduire dans la salle ; on s'y oppose. — Sur la proposition de Montaut du Gers, on décrète un appel nominal, et chaque membre monte à la tribune, pour y jurer, au nom de

la nation, de maintenir la liberté et l'égalité, ou de mourir à son poste. — Lamarque fait décréter une adresse aux Français, pour leur apprendre que l'insurrection de cette journée n'a été qu'un effet de la lassitude du peuple. — L'assemblée, sur le rapport de Vergniaud, décrète la convocation de la convention nationale, et la suspension du roi, jusqu'à ce que la convention ait prononcé, et ordonne que le roi et sa famille seront gardés en ôtage. — Elle reste en permanence. — Jean Debry fait décréter qu'à l'avenir, et pour la formation de la nouvelle convention, tout citoyen âgé de trente-cinq ans, et vivant du produit de son travail, a droit de voter aux assemblées primaires. — M. Servan reprend le ministère de la guerre, M. de Clavière celui des contributions, et M. Roland celui de l'intérieur. L'assemblée nomme M. Danton ministre de la justice, M. Lebrun ministre des affaires étrangères, et M. Monge ministre de la marine.

Exécution populaire de Mandar, commandant-général, et de Carle, commandant-général du bataillon d'Henri IV.

Insurrection. Les Marseillais et les habitans des faubourgs marchent vers le château, pour en faire le siége. — Les gardes suisses, dans les cours du château, veulent opposer de la résistance; ils sont attaqués, désarmés et pour la plupart massacrés par le peuple.

Continuation des troubles.

Tous les ambassadeurs des puissances étrangères quittent Paris.

Ass. nat. Le roi et sa famille sont dans la loge qu'ils occupaient la veille. — Santerre est appelé à la barre. — Sept membres demandent qu'on abatte les statues des rois. — On amène beaucoup de Suisses dans la salle.

11 Convocation des assemblées primaires. — Les Marseillais recevront 3o sous par jour, à dater de leur arrivée à Paris, et les frais de leur route seront remboursés.

Antiquités nationales, par Aubin-Louis-Millin.

12 *Ass. nat.* La commune de Paris dit qu'elle ne peut répondre de la personne du roi, s'il n'est transféré au Temple.

13 *Ass. nat.* Sur la proposition de Condorcet. Exposition à la France et à l'Europe des motifs qui ont dirigé l'assemblée, depuis le 10 août.

Le roi et sa famille sont enfermés au Temple.

14 *Ass. nat.* Sur la proposition de François de Neufchâteau, décret qui ordonne le partage des biens nationaux et la vente des biens d'émigrés par petits lots.

Abolition de la procession qui se faisait le 15 août, jour de l'Assomption.

Plusieurs ministres et autres personnes sont emprisonnés.

Procès de l'ex-ministre Florida-Blanca, pour abus de pouvoir en Espagne.

Retour à Toulon du capitaine Marchand, parti le 14 décembre 1790, de Marseille, pour une expédition autour du monde; expédition entreprise par des négocians, pour leur commerce de pelleterie. Pendant son voyage, il fait la découverte d'un groupe d'îles appartenant à l'archipel des Marquises.

15 *Ass. nat.* L'assemblée décrète qu'il y a lieu à accusation contre MM. Alexandre de Lameth et Barnave, Duport-du-Tertre, Duportail, Bertrand, Montmorin et Tarbé.

Mort du ci-devant vicomte de Mirabeau.

16 Avantage remporté par Luckner, sur les Autrichiens, dans la forêt de Candel.

17 Établissement d'un tribunal criminel, pour juger les crimes commis dans la journée du 10 août. Lettre de Dumouriez à Arthur-Dillon, sur le 10 août.

* Les scellés sont apposés sur les papiers de Rœderer.

18 M. de Lafayette et son état-major passent chez l'étranger.

Défense de Paris et de l'empire, par de Bélair, capitaine d'artillerie.

19 *Ass. nat.* Décret d'accusation contre M. de Lafayette. — Adresse de l'assemblée aux Français, sur la suspension du roi et les pièces trouvées aux Tuileries.

Arrestation de Mmes de Lamballe-Tourzelles mère et fille.

* Juges du tribunal du 10 août: Robespierre, Asselin, Mathieu, Pepin-de-Grouette, Lavaux, d'Aubigny, Dubail-Coffinhall; accusateurs: Lullier, Réal; jurés: Corai, Blondin, Balleaux, Cohier, Loiseau, Caillère-Létang, Perdrix; suppléans: Delrieux, Boucher-René, Jaillan, Maire, Dumouchel, Surie, Mullot d'Angers, Andrieux

Le général Dumouriez est nommé commandant de l'armée du Nord. — Semonville, à Gênes, réclame la réparation d'une insulte grave faite dans le port au pavillon français par des Vénitiens.

20 *Ass. nat.* L'assemblée décrète qu'il n'y aura plus de tribunes particulières.

M. de Montmorin, ex-ministre des affaires étrangères, est mis à l'Abbaye.

21 *Ass. nat.* M. Delacroix (26e président). — M. Blanchelande instruit l'assemblée que le décret sur les gens de couleur a répandu la consternation à Saint-Domingue. — Le ministre de la guerre instruit l'assemblée de la désertion de Lafayette. Merlin demande que sa maison soit rasée.

Le sieur d'Anglemont, embaucheur, a la tête tranchée.

22 Première insurrection vendéenne. Huit cents paysans attroupés s'emparent de Châtillon-sur-Sèvres. Le serment exigé des prêtres sert de prétexte à ce rassemblement.

Paré, Collot d'Herbois, Barrère et Robespierre, forment le conseil du ministre de la justice.

Justification de Rœderer, sur sa conduite au 10 août. (*Mon.* Voyez aussi celui du 24.)

Août

23 *Ass. nat.* Décret qui ordonne la déportation des prêtres réfractaires. Un membre de la commune demande le transfèrement des criminels d'Orléans à Paris., « sinon, dit-il, ils ne répondent plus de la vengeance du peuple. Vous savez que l'insurrection est un devoir sacré ».

Prise de Longwy par les Prussiens, après un bombardement de quinze heures. M. Delavergne commandait cette ville.

23 *Ass. nat.* Décret pour l'enregistrement des effets au porteur.

(*S. du soir.*) Les commissaires près l'armée du Rhin annoncent qu'ils ont fait choix d'Houchard pour commander à la place de Broglie.

M. Delaporte, intendant de la liste civile, exécuté sur la place du Carrousel, par jugement du tribunal du 10 août.

25 *Ass. nat.* A compter de ce jour, l'assemblée ordonne que les dettes pour mois de nourrrices n'entraîneront plus la contrainte par corps. —Tous droits, tant féodaux que casuels, sont abolis, à moins qu'ils ne soient justifiés avoir pour cause une concession primitive de fonds. — L'assemblée ordonne que les sections de Paris resteront en permanence.

M du Rosoy, auteur de *l'Ami du roi* (journal), périt sur l'échafaud.

26 Cérémonie funèbre dans le jardin des Tuileries, en mémoire des citoyens morts à la journée du 10 août.

Ass. nat. Jean Debry propose l'organisation d'un corps de douze cents volontaires, qui se dévoueraient à aller combattre corps-à-corps les tyrans en guerre avec la France. Chabot et Merlin déclarent qu'en quittant leurs fonctions, ils iront se ranger dans les rangs de ces *vengeurs de l'humanité.* Vergniaud attaque cette proposition. Renvoi à un comité.

Une lettre officielle de Henri Dundas au comte de Gower, ambassadeur d'Angleterre, annonce l'intention du gouvernement anglais de ne point se mêler de l'arrangement intérieur de la France.

Arrêté de la commune de Paris, ordonnant le brisement, par la main du bourreau, du coin d'une médaille en l'honneur de Lafayette.

Pons de Verdun, accusateur public.

Arrêté de la commune, signé Huguenin et Tellier, portant démolition des portes Saint-Denis et Saint-Martin, et autres emblèmes de féodalité ou de despotisme.

Publicité des séances des corps administratifs.

28 *Ass. nat.* MM. de Narbonne, de Grave et Lejard, sont décrétés d'accusation.—Sur la demande de Danton, ministre de la justice, l'assemblée autorise les visites domiciliaires. — Les majeurs ne sont plus soumis à la puissance paternelle.

M. Kellermann commmande l'armée de M. Luckner.

Août

29 Décret qui autorise les sections de Paris à nommer, chacune provisoirement, deux citoyens pour former le conseil général de la commune.

Visites domiciliaires faites dans Paris pour rechercher les armes.

Pompe funèbre en l'honneur des patriotes morts au 10 août.

De l'esprit des religions par Bonneville.

3o Vimel, Saurade et Guillot, condamnés à mort comme fabricateurs de faux assignats. (Mon.)

31 *Ass. nat.* M. Tallien, orateur d'une députation de la ville de Paris, à la tête de laquelle étaient le maire et le procureur-syndic, au sujet d'un décret qui avait cassé la commune provisoire, fait un discours dans lequel il fait l'éloge de cette commune. « Vous êtes remontés » par nous à la hauteur d'un peuple libre....... tout ce que nous » avons fait, le peuple l'a sanctionné..... nous avons fait arrêter » les prêtres perturbateurs ; ils sont enfermés dans une maison » particulière, et sous peu de jours, le sol de la liberté sera » purgé de leur présence..... si vous nous frappez, frappez donc » aussi ce peuple qui a fait la révolution le 14 juillet, qui l'a con- » solidée le 10 août et qui la maintiendra. »

Madame Dubarry est arrêtée à Louveciennes.

M. de Montmorin, de Fontainebleau, est déchargé d'accusation par le tribunal criminel ; il est reconduit en prison par le peuple.

Septembre

1er *Ass. nat.* L'assemblée décrète que M. de la Vergne, commandant de Longwy, sera jugé par une cour martiale.

2 *Ass. nat.* Les biens, meubles, immeubles des émigrés, sont déclarés acquis et confisqués à la nation, pour lui tenir lieu de l'indemnité réservée par la loi du 8 avril 1792. — Sur la nouvelle des massacres dans les prisons, l'assemblée envoie des commissaires pour calmer le peuple. — L'abbé Sicard écrit qu'il a été sauvé par l'horloger Monot. — Tallien, Truchot et Guiraud, commissaires de la commune, déclarent qu'il y a eu 400 prisonniers de tués, et qu'ils *n'ont pu arrêter, en quelque sorte, la juste vengeance du peuple.*

Prise de la ville de Verdun par les Prussiens. M. de Beaurepaire, qui en était commandant, se brûle la cervelle.

Les prêtres enfermés par l'ordre de la commune au couvent des Carmes, du Luxembourg, et au séminaire Saint-Firmin, rue Saint-Victor, sont massacrés ; on en compte 262.

Massacres dans les prisons.

Lettre de madame Rœderer à Servan, et réponse de ce ministre. (Mon.)

3 *Ass. nat.* L'assemblée décrète qu'il y aura chaque jour un bulletin imprimé pour les nouvelles des armées et les principales opérations du gouvernement : c'est ce qu'on appelle le bulletin de correspondance. — Annonce de la prise de Verdun.

23

M. de Bachmann, major des gardes suisses, est guillotiné.

Couronne civique décernée par les fédérés, à MM. Lacombe, Théroigne et Reineandré, qui se sont distingués au 10 août.

Arrêté de la commune de Paris, sur la nouvelle du siége de Verdun, portant : Fermeture des barrières au bruit du canon et de la générale ; désarmement des suspects, etc.

4 Nouvelle parvenue à Paris, de l'arrestation du général Lafayette et de toute sa suite, en Autriche.

Ass. nat. Sur la proposition de Chabot, l'assemblée jure haine aux rois, et qu'aucun monarque étranger ni français ne souillera la terre de la liberté.

(*S. du soir.*) L'abbé Sicard vient remercier l'assemblée, et sur la proposition de Chabot, il est rendu à ses élèves.

La Sentinelle, journal, par l'auteur de Faublas.

5 *Ass. nat.* M. Hérault de Séchelles (25ᵉ président),

6 *Ass. nat.* MM. Ternaux et Gomin, administrateurs du département de la Meuse, sont décrétés d'accusation, pour avoir obtempéré aux ordres du duc de Brunswick.

Siége de la ville de Thionville par les Autrichiens, M. de Wimpfen en est le commandant.

Levée du camp de Maulde par les Français.

Les assassins aux prisons demandent le salaire qu'on leur a promis.

7 *Ass. nat.* L'assemblée décrète que les prêtres convaincus d'avoir exigé ou reçu du casuel pour remplir leurs fonctions, seront destitués par les municipalités et perdront leurs traitemens. — Défense d'inhumer dans les églises.

Un grand nombre de Français s'enrôlent et partent pour les frontières.

Discours de Santerre à la commune pour empêcher les vengeances. — Le roi mis au secret. — Lettre de Roland à Santerre sur la sûreté de Paris et réponse de celui-ci. — Adresse du ministre de l'intérieur au département des campagnes. — Massacre de Chuzeau, inspecteur de la manufacture d'armes de Charleville.

8 *Ass. nat.* Décret qui porte que les originaux des pétitions de 8000 et de 20,000 seront brulés.

Massacre des prisonniers d'Orléans, à Versailles, dans la nuit du huit au neuf.

Les membres de la commission administrative remplacent le département de Paris. Régnier, président ; Lachevardière, vice-président ; Cournaud, Leblanc, Momoro, Collin, Dubois, Selman, Guiguenard, Buthelot, procureur-général-syndics ; Junis, suppléant ; Raisson secrétaire-général.

10 Lettre de Roland sur les trahisons de la cour. (Mon.)

12 Les honneurs du Panthéon sont accordés à M. de Beaurepaire.

On se presse de former un camp sous Paris, plaine Saint-Denis, et dans ce canton.

13 Les armées françaises se replient vers Châlons.

Essai sur la théorie militaire, par Bacon.

14 *Ass. nat.* Dépêches de Kellermann annonçant un mouvement général dans l'armée ennemie et la contagion dans le camp des Prussiens.

(*S. du soir.*) Sur la demande de Brissot, décret pour les préparatifs d'un emplacement aux Tuileries pour la convention.—Lettre de Victor de Broglie, qui demande à aller servir aux armées comme volontaire.

Prise du camp de Grandpré par les Prussiens.

Les Rivaux au cardinalat, ou la mort de l'abbé Maury, poëme de Dorat-Cubières.

15 Arrêté du conseil général de la commune, portant que dans tous les actes publics, les notaires et autres officiers substitueront le nom de la section à celui de la paroisse.

Autre arrêté portant que M. le duc d'Orléans et sa postérité porteront désormais pour nom de famille, celui d'Égalité.

16 *Ass. nat.* M. Cambon (26ᵉ et dernier président).—Décret portant que quiconque sera revêtu d'une écharpe sans avoir le droit de la porter, sera puni de mort.

Vol du garde-meuble de la couronne.

17 *Ass. nat.* Les séances se ressentent de l'agitation générale, nul ordre, nul suite dans les idées. Roland dénonce le vol du garde-meuble.—Luckner se plaint des terreurs paniques qui jettent le trouble dans l'armée.—Les lois ne sont plus exécutées, Paris est presque au pillage.

Polverel, Santhonax, et Ailhaud, se rendent au cap à Saint-Domingue, pour y faire exécuter le décret qui conserve l'égalité politique entre les blancs et les hommes de couleur.

18 *Ass. nat.* Suppression de l'ordre de Malte.

Tarif général et perpétuel des contributions directes, par Gauthier.

20 *Ass. nat.* Défense de sonner le tocsin et de tirer le canon d'alarme dans le lieu des séances de l'assemblée nationale, sans un décret qui l'ordonne. — Loi sur l'état civil des citoyens. — La majorité est fixée à 21 ans.—Autre loi sur le divorce.

Bataille de Valmy gagnée par les Français sous les ordres de Kellermann.

Lettre de Pétion aux quarante huit sections, annonçant une motion en faveur de membre de la convention.

Exécution de Roussel, condamné par le tribunal du 10 août.

Grégoire, à la tête de 12 commissaires, annonce que la convention est constituée et qu'elle va se rendre dans la salle pour commencer ses séances. — L'assemblée législative annonce que ses séances sont terminées.

FIN DE LA PREMIÈRE PARTIE.

IMPRIMERIE DE CONSTANT-CHANTPIE, RUE SAINTE-ANNE, N° 20.

9 782329 789187